Ingrid Moras

Weihnachtliche PAPIERTÜTEN-DEKO

Engel * Kugeln * Nikolaus

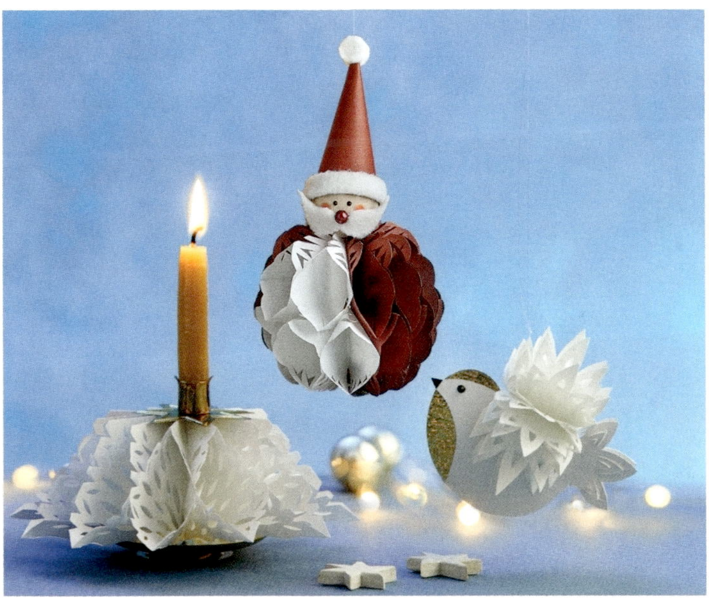

INHALT

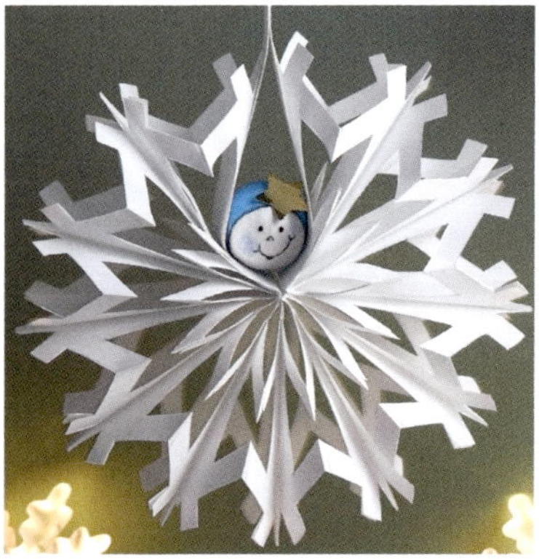

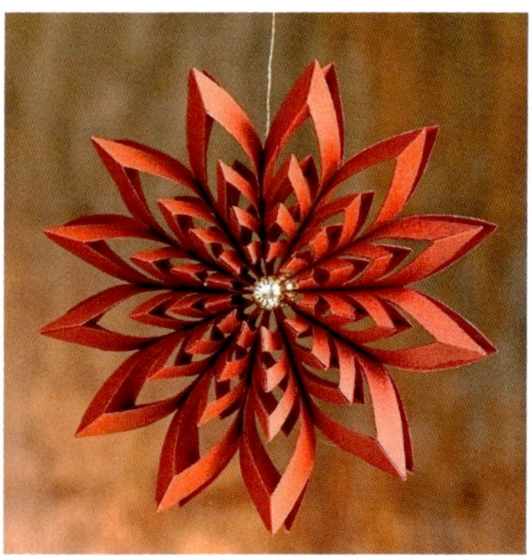

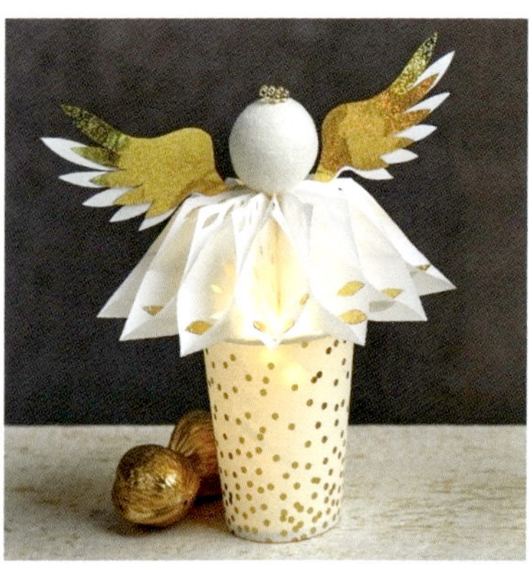

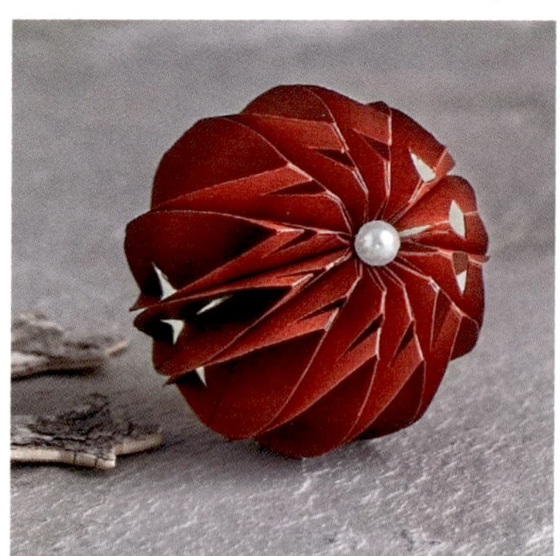

WEIHNACHTLICHER TÜTENZAUBER

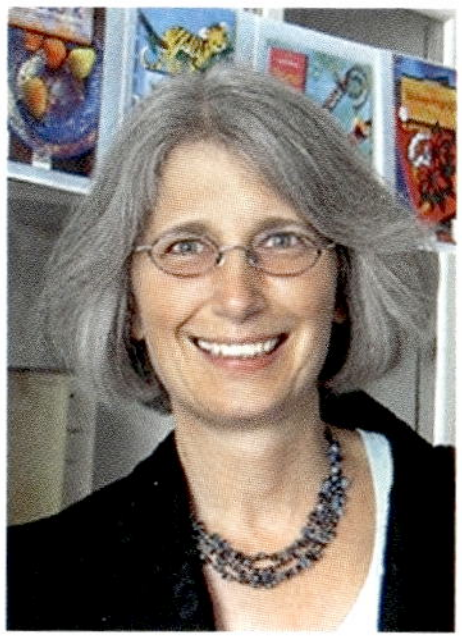

Sterne aus Papiertüten haben inzwischen schon zahlreich in vielen weihnachtlich geschmückten Wohnungen Einzug gehalten und durch ihre Ausstrahlung und Vielfältigkeit überzeugt.

Ein wenig erstaunt war ich selbst allerdings darüber, wie viele verschiedene luftig leichte und verspielte Figuren sich mit wenig Aufwand aus den kleinen Minitüten zaubern lassen: Nicht nur Engel in verschiedenen Variationen werden zum Blickfang in der Weihnachtszeit, sondern auch die vielen 3D-Baumvariationen und Sterne mit schimmernden Sternmitten aus Perlen.

Schneemann- und Wichtelfamilien tragen zur weihnachtlichen Stimmung ebenso bei wie der Nikolaus und die zarten Schneeflocken. Winterliche Figuren wie Igel, Eule, Rentier, Eisbär und Pinguin heben sich zart vom Weihnachtsbaum ab, und Wintervögel finden sicher auch noch nach dem Fest einen Platz am Fenster. Sterne und Kugeln in traditionellem Weihnachtsrot dürfen bei weihnachtlichen Dekorationen ebenso wenig fehlen wie sanft schimmernde Lichtertüten.

Ich wünsche allen viel Spaß beim Basteln und eine schöne Weihnachtszeit.

Ingrid Moras

MATERIAL & HILFSMITTEL

Tüten aus Papier

- Minitüten XXS in Weiß, ca. 4,5 x 6 cm
- Minitüten in Weiß, ca. 5,3 x 11,5 cm
- Blockbodenbeutel in Weiß, Dunkelrot, 80 g, 10 x 24 cm

Tipp

Tüten können auch aus Briefbögen (80 g), z. B. in Bordeaux, selber hergestellt werden.

Klebemittel

- Flüssigkleber, z. B. Qualitäts-Klebstoff kittifix Allzweckkleber. Der Flüssigkleber sollte keine Fäden ziehen und durch ein schmales Ausflussrohr dünn aufgetragen werden können.
- doppelseitiges Klebeband, transparent, 3 mm breit, als Alternative

Hilfsmittel

- weicher Bleistift und Transparentpapier zum Übertragen der Vorlagen
- Hobbymesser mit Ersatzklingen, Cutter oder Skalpell
- schnittfeste Unterlage
- spitze, kleine Schere
- Prickelnadel
- Lineal
- Motivstanzer
- Wäscheklammern
- Pinsel

Aufhängung

- dünne, lange Nähnadeln, 0,6 x 50 mm
- Perlonfaden, 0,15 mm bis 0,25 mm Ø
- Messingdraht, 0,3 mm Ø

Für Gesichter

- Holzkugeln, gebohrt, 25 mm Ø
- Wattekugeln, 2 cm bis 5 cm Ø
- Acrylfarbe in Portraitrosa, Weiß, Türkisblau hell, Rotbraun
- Glanzlack-Marker in Gold
- Pearl-Pen in Schwarz
- Farbstifte Rot, Orange, Hellblau
- weicher Bleistift
- Feinliner in Schwarz

Hinweis

Klebe- und Hilfsmittel, Nylonfaden und Nähnadel sowie Farben und Stifte für die Bemalung werden bei den einzelnen Modellen nicht beim Material aufgelistet.

Beleuchtung

- 10er-Micro LED-Lichterkette mit Draht und zwei Knopfzellen
- Kerzenständer aus Metall aus Sicherheitsgründen

Zeichenerklärung

------	Schneidelinie
- - - - - -	Klebelinie
•	kleines Loch für die Aufhängung der Sterne, mit einer Prickelnadel stechen

SO GEHT'S

Tüten vorbereiten

Bei kleineren Motiven, die weniger als die Hälfte der Tüte beanspruchen, können die Tüten von beiden Enden aus genutzt werden. Dazu die Lasche bis auf ca. 10 mm kürzen (der schraffierte Bereich entfällt), umbiegen und auf der Tüte festkleben.

Jeweils zwei bis maximal drei Tüten an den gestrichelten Linien (Boden der Tüte sowie mittig waagerecht) mit Flüssigklebstoff aufeinander kleben und mit Klammern zusammendrücken, bis der Kleber abgebunden hat. Mehr Tütenlagen können später nur schwer geschnitten werden. Der Kleber sollte keine Fäden ziehen und durch ein schmales Ausflussrohr dünn aufgetragen werden können. Alternativ 3-mm-Klebeband verwenden; allerdings ist die Klebstofflinie weniger breit.

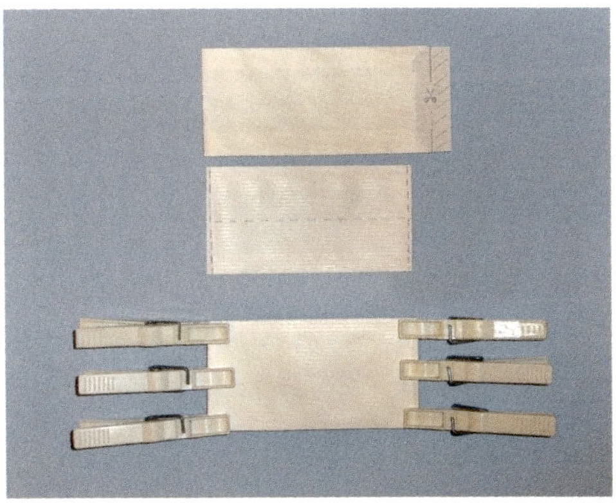

Vorlage übertragen

Die Vorlage mit weichem Bleistift auf Transparentpapier nachzeichnen, dieses mit den Bleistiftspuren auf die Tüte legen und die Vorlage mit einer Prickelnadel, einem Kugelschreiber oder einer Sticknadel übertragen.

Alternativ kann eine Schablone hergestellt werden. Dazu die Vorlage auf festen Karton übertragen (oder auf Papier kopieren und auf den Karton kleben) und mit einem Cutter ausschneiden. Anschließend deren Ausschnitte mit Bleistift auf den Tüten nachfahren.

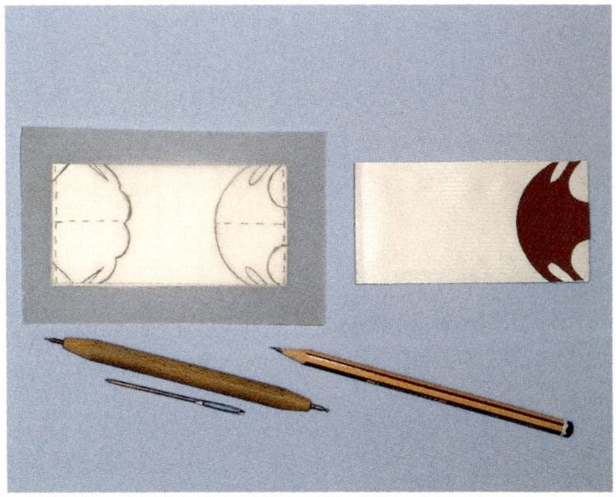

Modelle ausschneiden

Die Ausschnitte auf einer schnittfesten Unterlage aus den drei jeweils zusammengeklebten Tüten mit einem Skalpell, einem Cutter oder einer kleinen Schere anbringen. Für ein Modell werden zwölf Tüten benötigt, also vier geklebte Stapel aus drei Tüten.

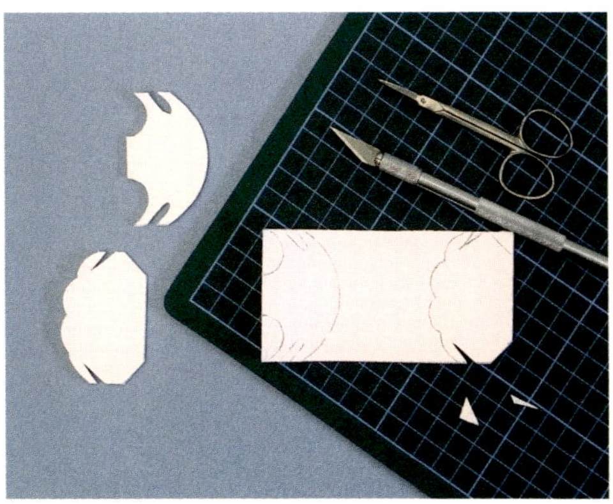

Motivstapel zusammenkleben

Nun die vier Dreierstapel an den vorgegebenen Klebelinien deckungsgleich zu einem Stapel mit zwölf Tüten zusammenfügen.

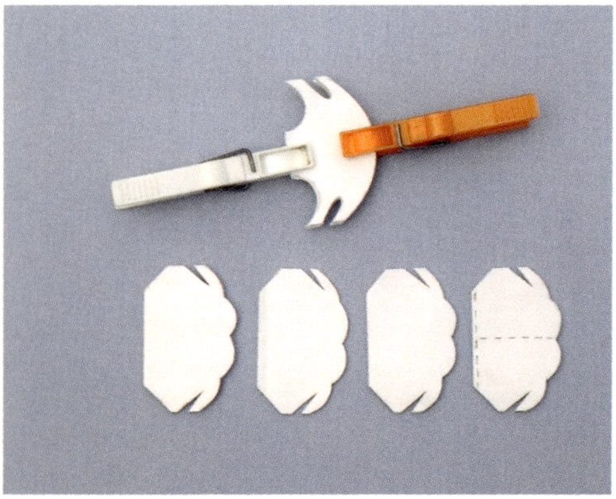

Zur vollen Form kleben

Zuletzt auf einer Außenseite des Tütenstapels die Klebelinien auftragen, die Form entfalten und die Außenseiten mit einer Klammer fixieren, bis der Kleber trocken ist. So entstehen Sterne (rechts) oder Körper der Figuren (links).

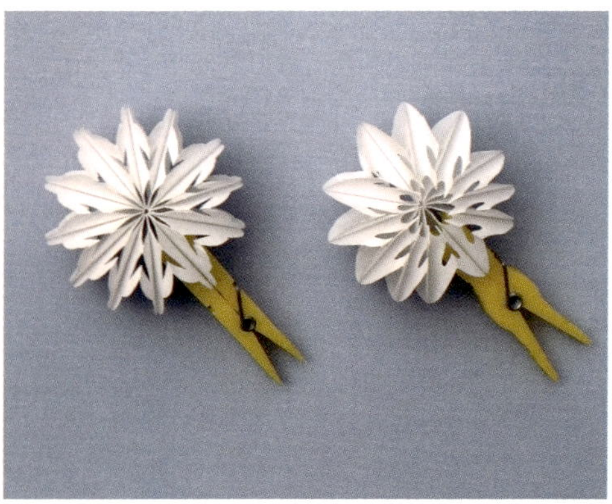

Tipp

Wenn Sterne wieder flach zusammengelegt werden sollen, die Außenseiten mit Hilfe von kleinen Magneten zusammenhalten, die an den Innenseiten der äußeren beiden Tüten platziert werden.

Sternenmitten anfertigen

In manche Sterne werden einfach jeweils zwei große Polarisperlen in die Papierfassung eingelegt.

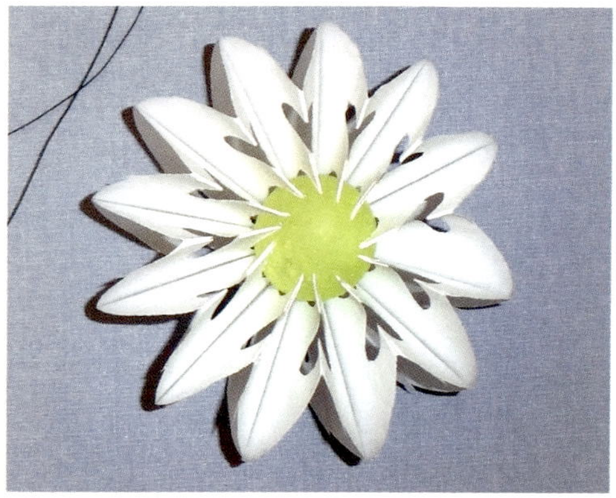

Für andere Sterne je eine Perle als Mittelpunkt hinzufügen. Dazu eine Perle mittig auf ein Stück Messingdraht oder Faden schieben, dann beide Drahtenden durch die Mitte des Sternes ziehen, eine weitere Perle auffädeln und die Drähte miteinander verdrehen bzw. die Fäden miteinander verknoten. Dazu befinden sich bei den Vorlagen jeweils entsprechende Skizzen.

Sterne aufhängen

Die Sterne mit einem durchsichtigen Perlonfaden aufhängen. Dazu mit der Prickelnadel ein kleines Loch durch den Tütenstapel stechen und den Perlonfaden durchziehen.

Gesichter gestalten

Bei den Figuren die Augen oder andere halbperlenförmige Details in verschiedenen Größen direkt mit dem Pearl-Pen aufsetzen. Dazu leichten Druck auf die Tube ausüben.
Für Nasen aus Perlen mit einer spitzen Schere ein kleines Loch in die Wattekugel bohren und die Perle in die Vertiefung einkleben.
Mit Bleistift oder einem schwarzen Feinliner dünne Linien aufzeichnen.
Für farbige Flächen Acrylfarbe mit einem Pinsel auftragen oder einen Lackmalstift benützen, Wangen mit einem Farbstift andeuten.

Körper und Kopf verbinden

Eine Wachsperle in die Mitte eines Fadens schieben, dann beide Enden mit Hilfe einer Nähnadel durch die Mitte des Körpers nach oben ziehen.

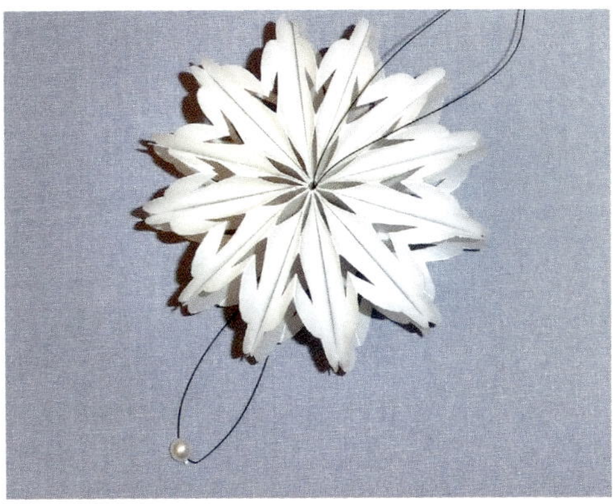

Jeden Faden durch den Wattekopf so nach oben stechen, dass die Austrittslöcher oben etwa 2 mm voneinander entfernt sind.

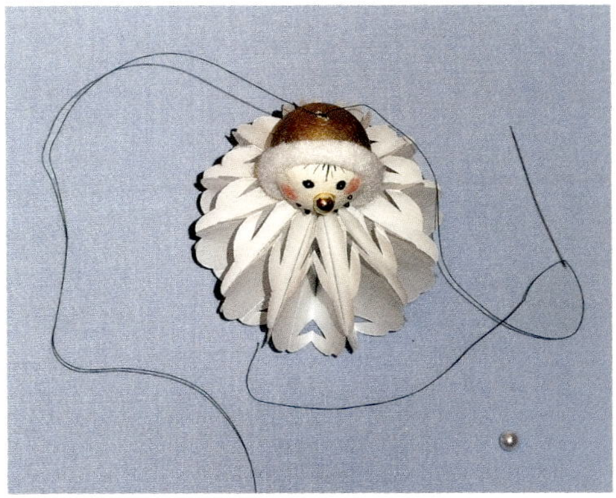

Die Fäden miteinander verknoten und den Faden für die Aufhängung verwenden. Man kann auch mit einer Perle abschließen: Dazu die Fäden entgegengesetzt durch eine Perle führen, die Fäden also in der Perle kreuzen und dann miteinander über der Perle verknoten.

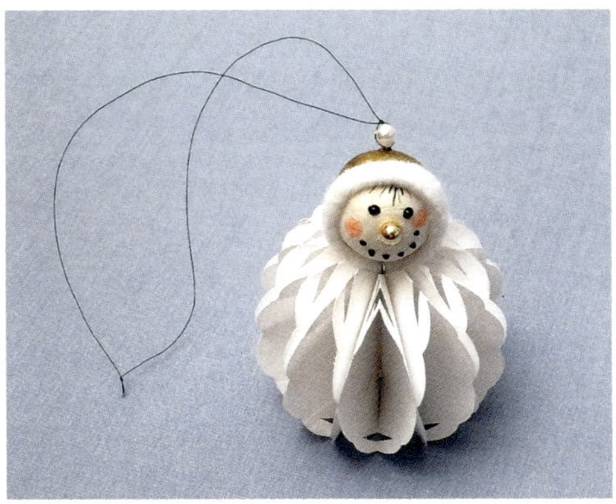

Tüten selber herstellen

Man kann auch zum Beispiel aus Briefpapier oder Geschenkpapieren Tüten herstellen. Die Tütenvorlage (siehe Vorlagenbogen) ausschneiden, die gestrichelten Linien (hier: Talfalten) vorprägen, dann die seitlichen Laschen nach innen klappen, Kleber auf die eingeklappten Laschen auftragen und die untere Seite nach oben knicken und auf den Laschen fixieren.

LUFTIGE ENGELCHEN

ENGEL

- 9 Minitüten XXS in Weiß, 4,5 x 6 cm
- Holzkugel, 25 mm Ø
- Shiramine Washi Papier in Weiß
- Wachsperle in Weiß, 4 mm Ø
- Fotopapier in Gold (nur rechter Engel)

Vorlagen siehe Vorlagenbogen

Für das Kleid jeweils neun Minitüten XXS nach Vorlage aufeinander fixieren und nach den getrennten Vorlagen ausschneiden bzw. einschneiden.

Für die Flügel ein 9 x 21 cm großes Quadrat aus Shiramine Washi Papier bzw. goldenem Fotopapier wie eine Ziehharmonika falten; die Berg- und Talfalten am besten nach jeweils 15 mm mit einem Prägestift oder einer Sticknadel vorprägen. Die Faltungen jeweils an den Enden nach Vorlage zuschneiden bzw. einschneiden und dann mittig 25 mm weit aufeinander kleben. Die Faltungen links und rechts der Mitte nach oben knicken.

Die Holzperle bemalen (s. Grundkurs). Pro Engel zwei Blüten aus Shiramine Washi Papier nach Vorlage ausschneiden.
Einen Aufhängefaden mittig an den Flügeln einhängen, dann die unterste Lage der Flügelfaltungen mittig an den beiden Außenseiten des halbkreisförmigen Kleides fixieren. Beide Fäden durch den Holzkopf nach oben führen, mittig jeweils durch zwei versetzt aufeinander fixierte Blüten ziehen, die Fäden entgegengesetzt durch eine Wachsperle führen und miteinander verknoten (s. Skizze).

KERZENSTERN

- 12 Minitüten in Weiß, ca. 5,3 x 11,5 cm
- Kerzenständer in Gold, rund, 7,5 cm Ø
- Kerzenhalter in Gold, sternförmig, 5,5 cm Ø

Zwölf Minitüten nach Vorlage einschneiden und zusammenkleben. Den Stern zur Sicherheit mittig auf einen Kerzenständer aus Metall stecken, damit der Stern nicht verrutschen kann und oben einen Kerzenhalter mit Grundplatte aufkleben.

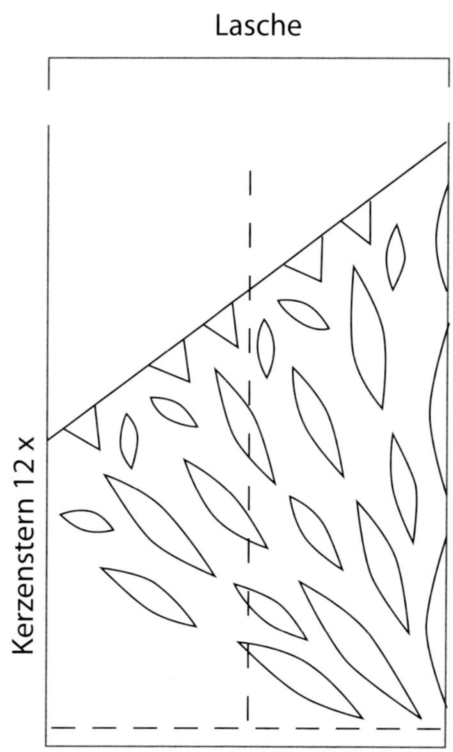

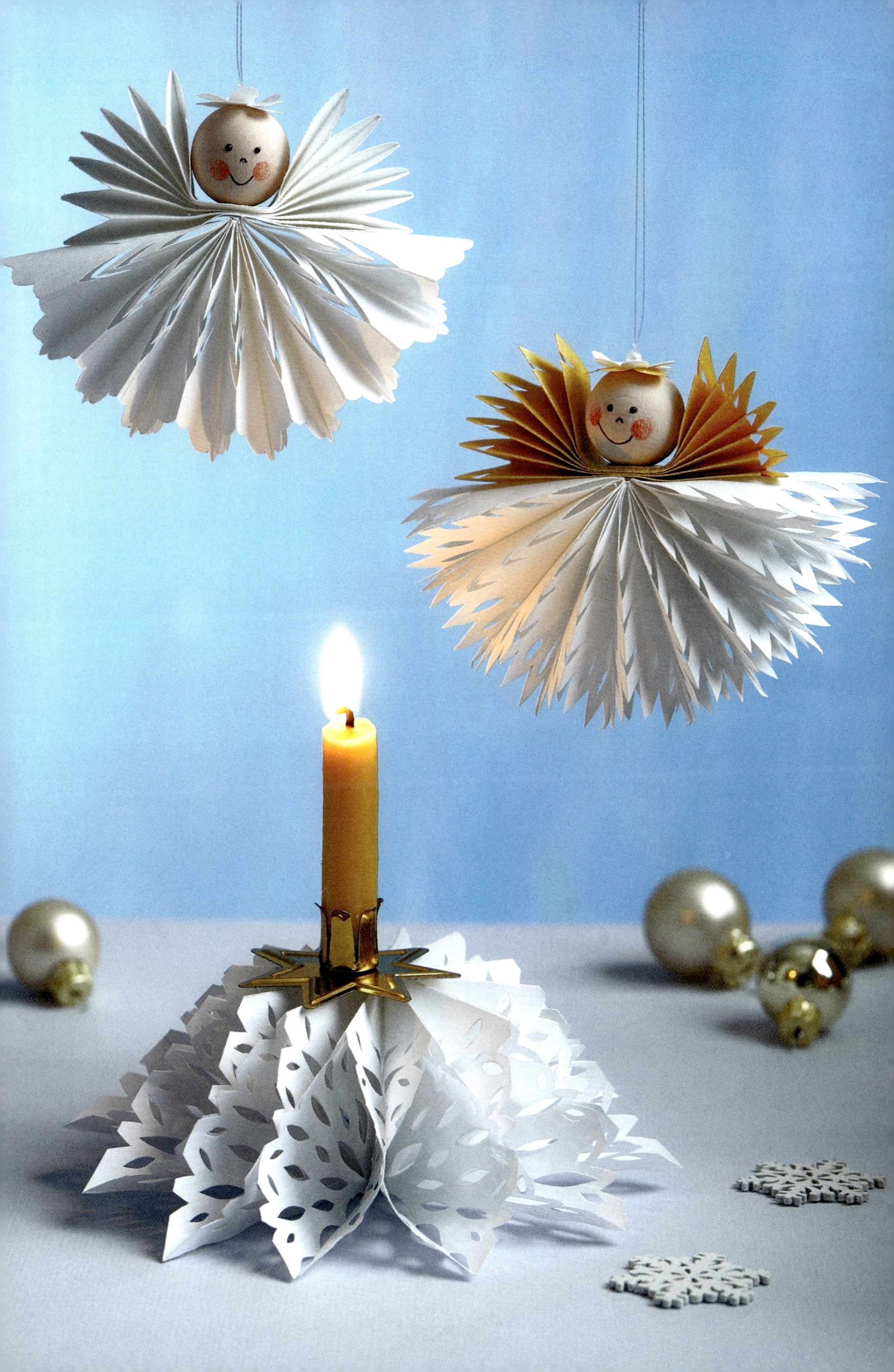

EDLE ENGEL

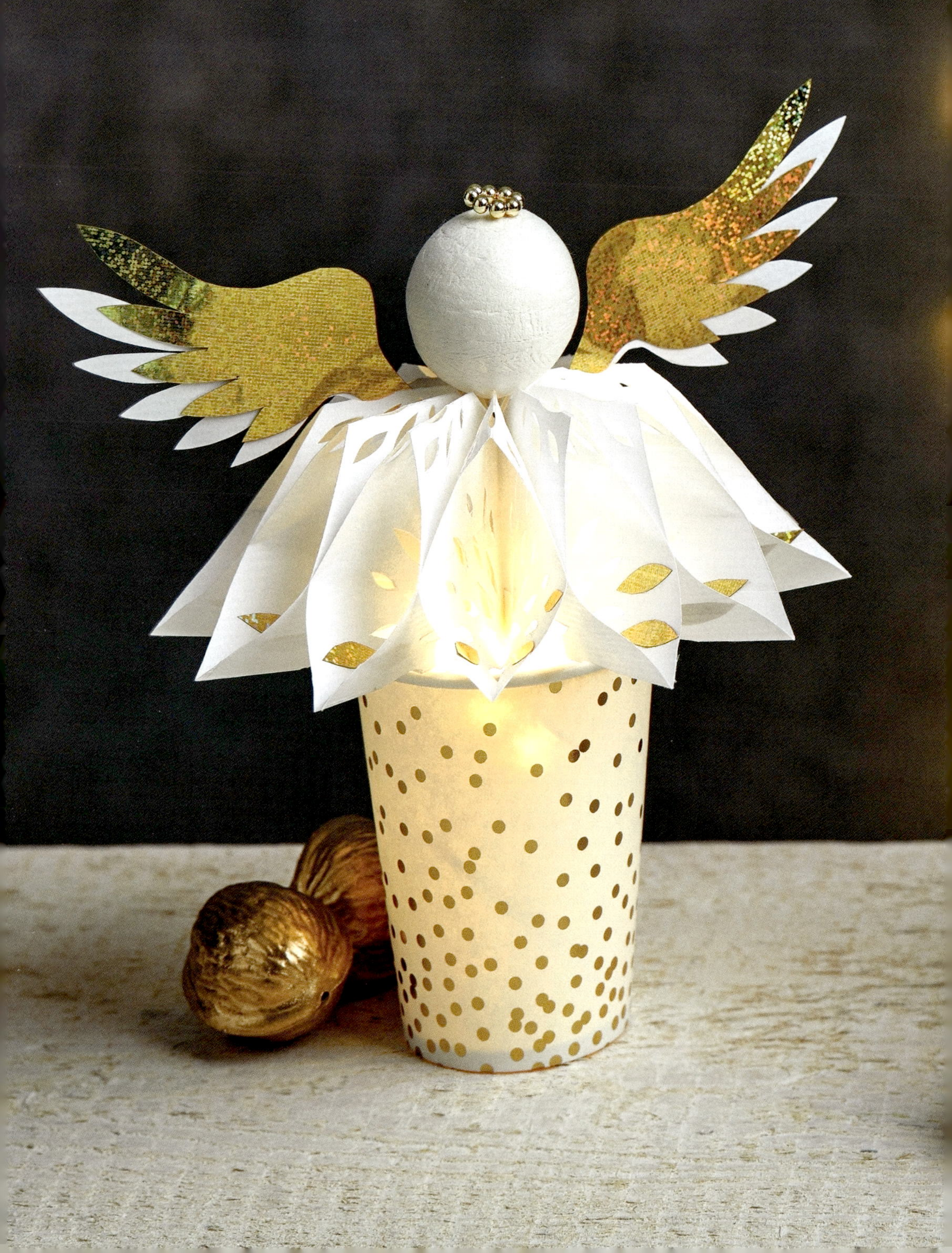

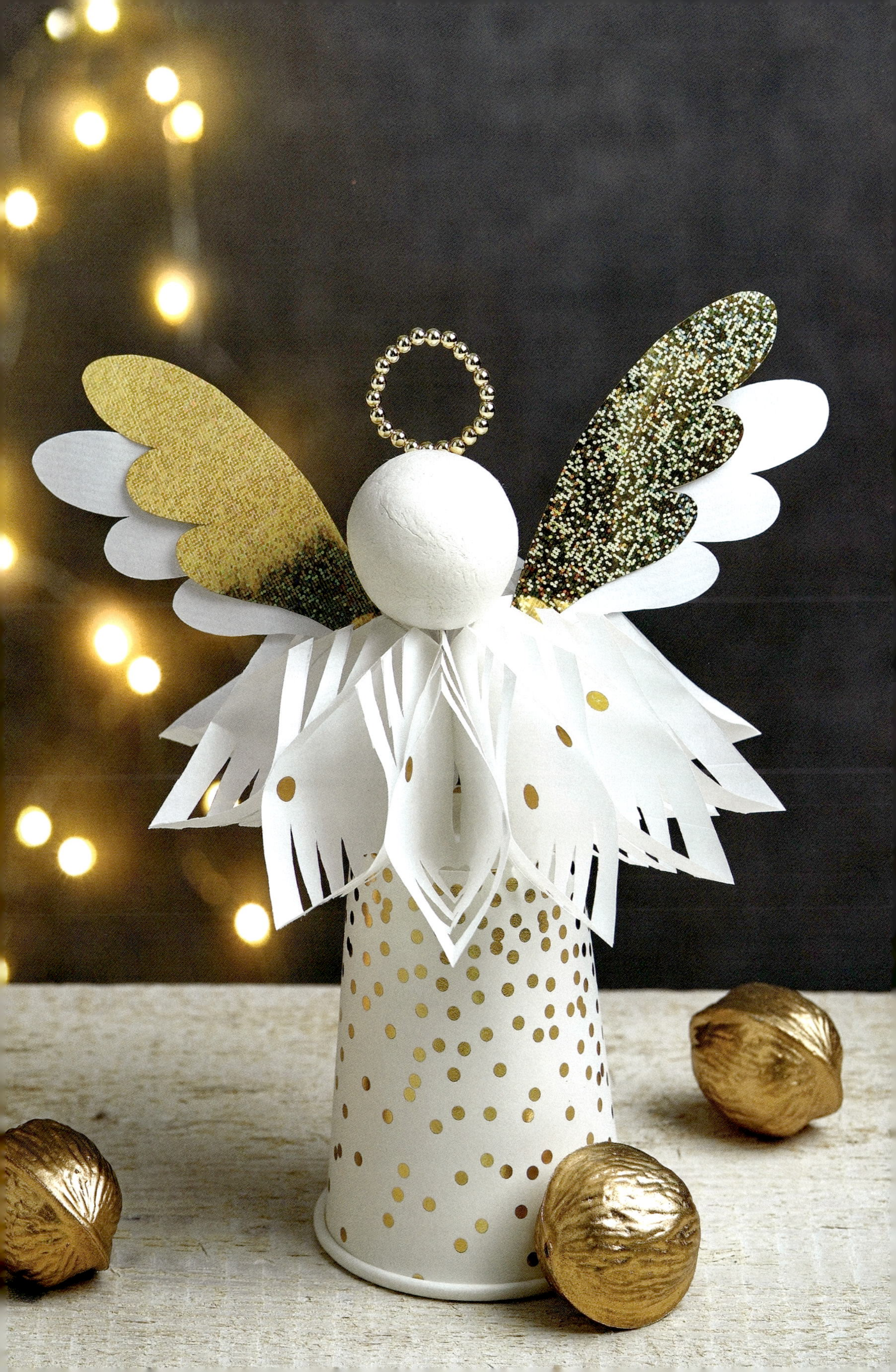

EDLE ENGEL

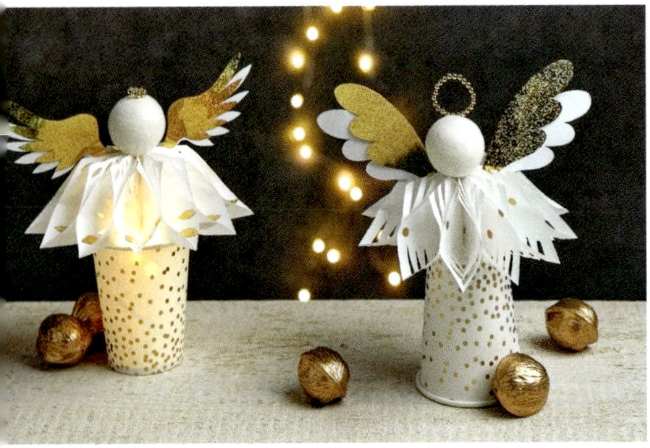

12 Minitüten nach der jeweiligen Vorlage einschneiden und aufeinander fixieren. Für den *Lichterengel* einzelne Blättchen (s. Vorlage) aus der holographischen Folie ausschneiden und nach Wunsch einkleben. In den Pappbecher die Lichterkette einlegen und den eingeschnittenen »Oberkörper« auflegen. Beim *Überraschungsengel* mit dem Bürolocher ausgestanzte Kreise aus holographischer Folie vereinzelt fixieren. Im umgedrehten Pappbecher nach Wunsch Überraschungen verstecken.

Als Kopf je eine Wattekugel mit einem Stück Steckdraht als Verbindung aufstecken oder einfach ankleben. Acht oder 22 Goldperlen als Krone auf Bindedraht fädeln, dann die Drahtenden miteinander verdrehen; das verdrehte, etwa 8 mm lange Stück in ein vorgestochenes Loch am Kopf einkleben.

Jeden Flügel einmal aus einer Minitüte und aus zusammengeklebter holographischer Folie ausschneiden und die verschiedenfarbigen Flügel jeweils etwas versetzt aufeinander kleben. Den Ansatz der Flügel am oberen Rand des Oberkörpers rechts und links festkleben.

JEDER ENGEL

- 12 (plus 1) Minitüten in Weiß, ca. 5,3 x 11,5 cm
- Pappbecher in Weiß mit goldenen Punkten,
- 200 ml, 7,5 cm Ø
- Holographische Folie in Dots Gold,
- selbstklebend
- Wattekugel, 4 cm Ø
- 8 Metallic-Perlen in Goldfarben, 4 mm Ø
- (Lichterengel)
- 22 Metallic-Perlen in Goldfarben, 4 mm Ø
- (Überraschungsengel)
- Bindedraht, 0,3 mm Ø
- Steckdraht
- Micro LED-Lichterkette mit Draht

Lasche

Lichterengel 12 x

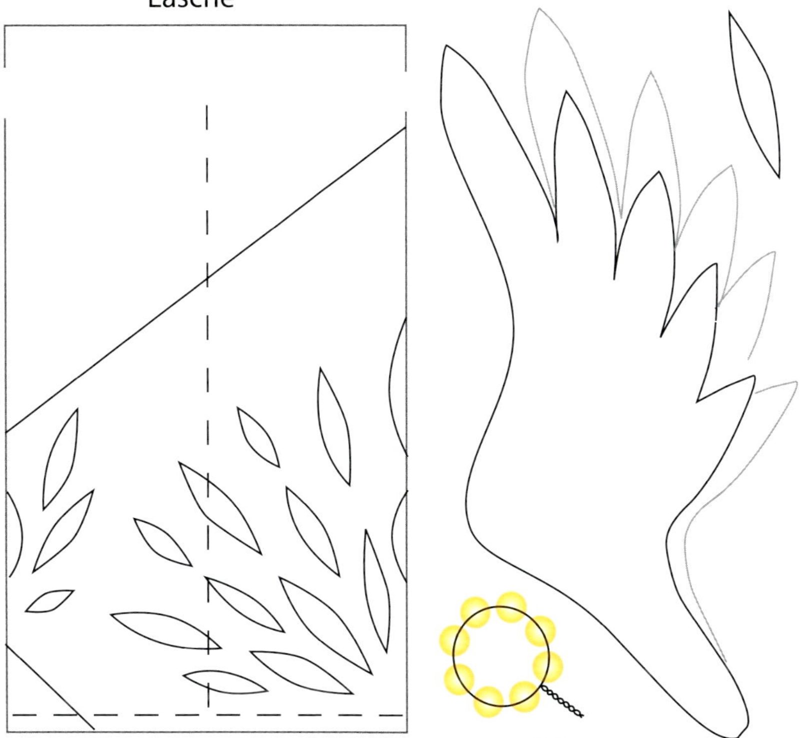

Lasche

Überraschungsengel 12 x

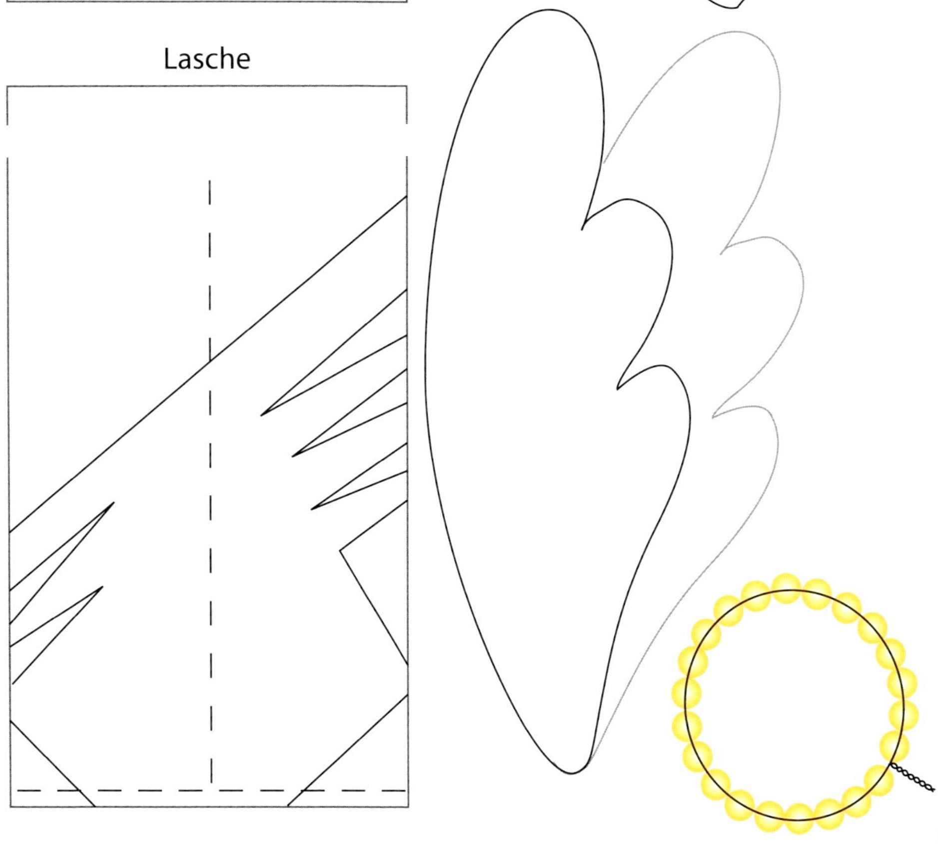

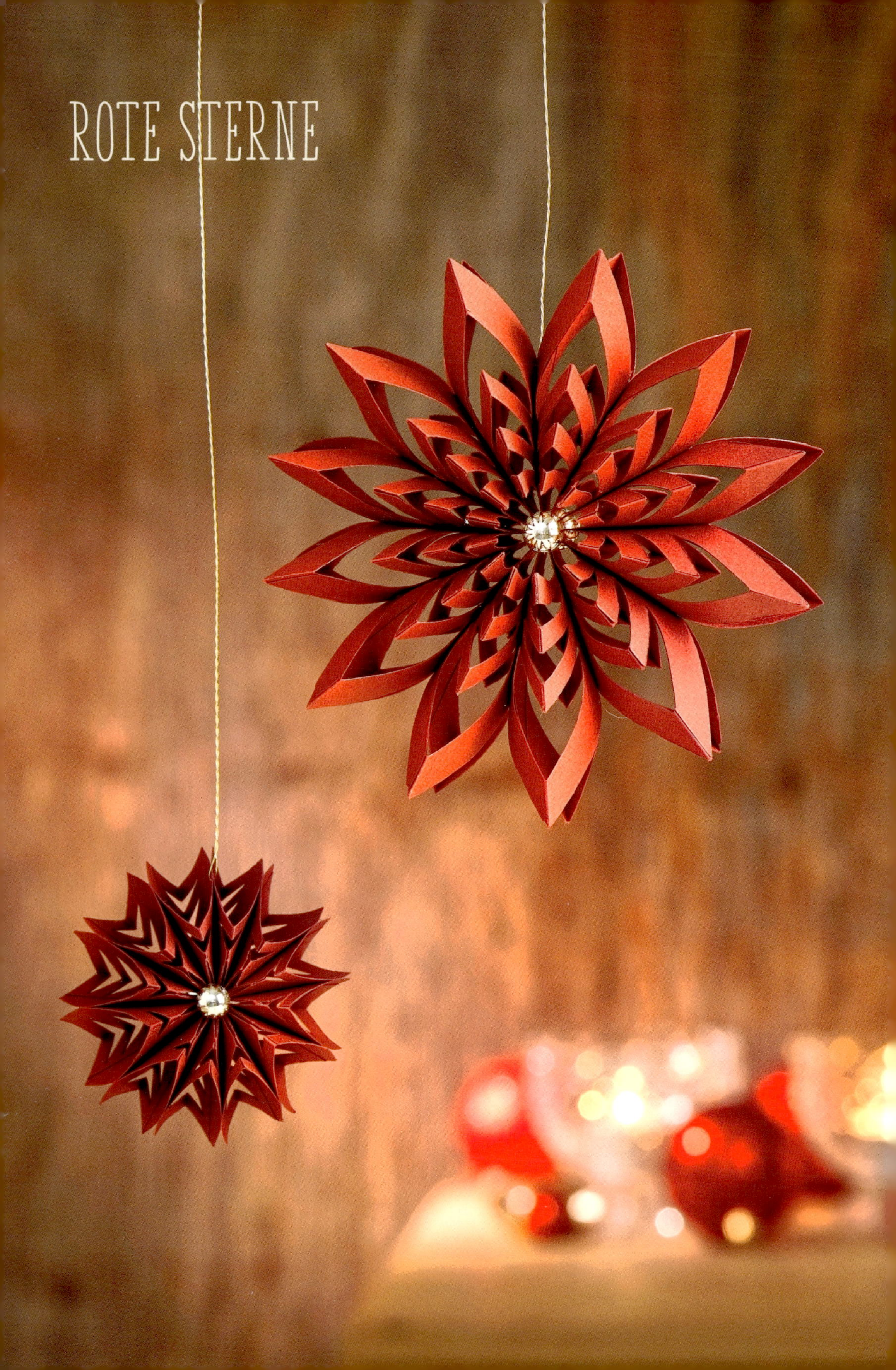
ROTE STERNE

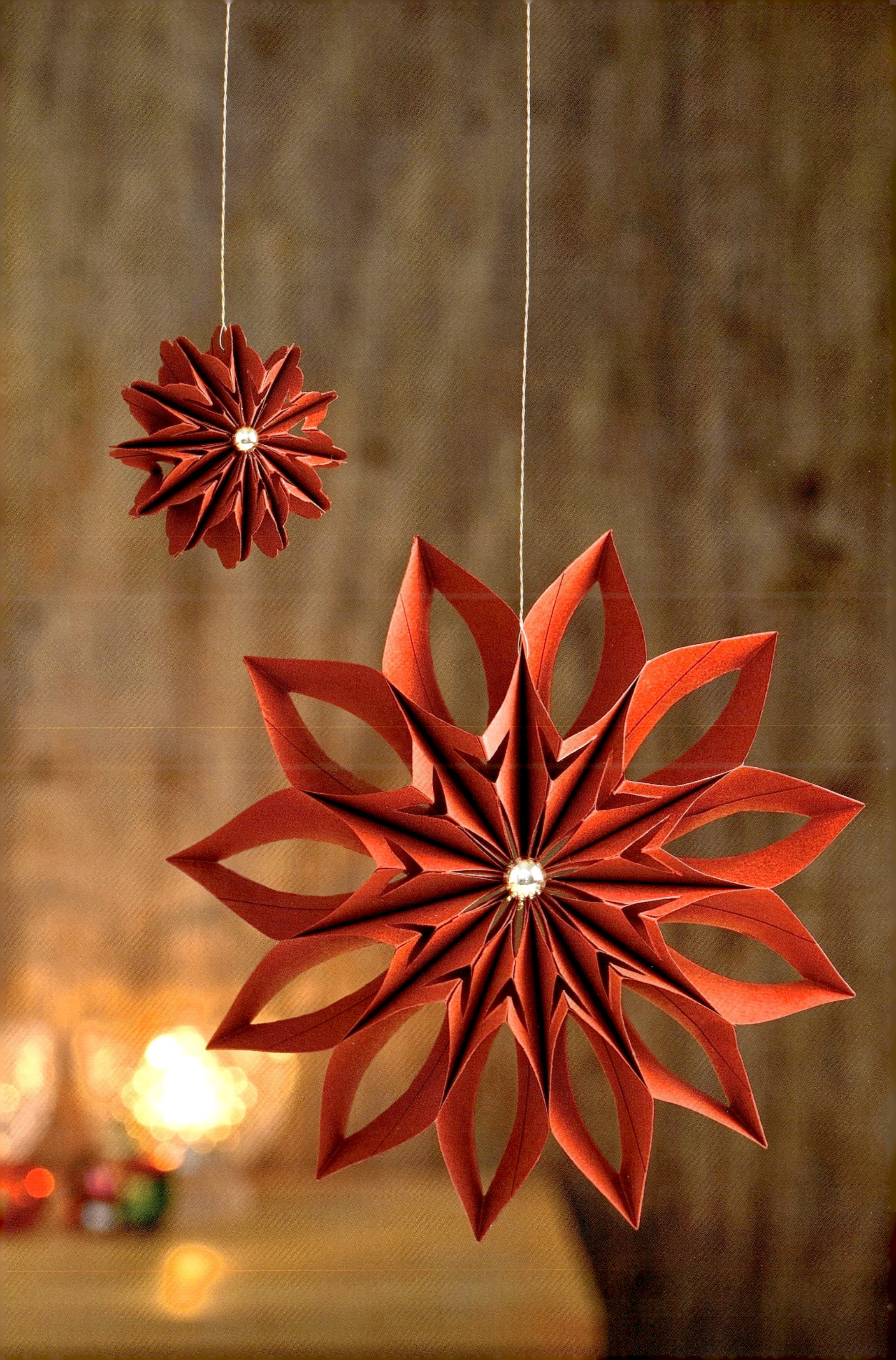

ROTE STERNE

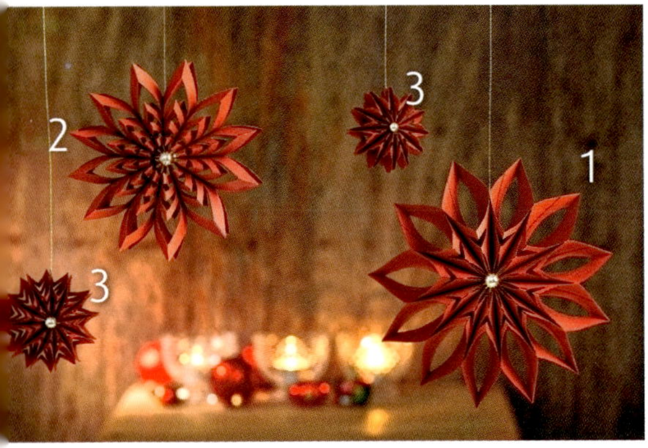

GROSSER STERN

- 6 Minitüten in Bordeaux, ca. 5,3 x 11,5 cm
- 2 Metallic-Perlen in Goldfarben, 10 mm Ø
- Messingdraht, 0,3 mm Ø

Die Laschen von sechs Minitüten bis auf ca. 1 cm kürzen, umbiegen und festkleben. Die Vorlage für den Stern jeweils zweimal, einmal um 180 Grad gedreht, übertragen, ausschneiden, die zwölf Tütenlagen aufeinander fixieren und zur vollen Form kleben.

10-mm-Goldperlen als Mitte mit Draht fixieren: Eine Perle in die Mitte schieben, darüber die Drähte ein kleines Stück verdrehen. Beide Drahtenden durch die Mitte des Sternes führen, einen Draht durch die zweite Perle führen, dann beide Drahtenden miteinander verdrehen und Überstände abschneiden.

Für die verdrehte Aufhängung aus Messingdraht an einer mit rotem Punkt gekennzeichneten Stelle ein kleines Loch stechen und einen Messingdraht mittig einhängen. Diese Stelle zwischen den Fingern gut festhalten. Am anderen Ende die Drähte miteinander verdrehen, einen Stift in die Schlaufe einlegen, die Drähte unter dem Stift locker festhalten, dann den Stift mit einem Finger drehen, bis sich die Drähte über die gesamte Länge verdreht haben. Dabei hilft eine dritte Hand oder ein Klebeband.

MITTLERER STERN

- 12 Minitüten XXS in Bordeaux, 4,5 x 6 cm
- 2 Metallic-Perlen in Goldfarben, 10 mm Ø
- Messingdraht, 0,3 mm Ø

Die Vorlage für den mittleren Stern auf zwölf Minitüten XXS übertragen, ausschneiden und die zwölf Lagen aufeinander kleben. Die Perlenmitte und die Drahtaufhängung wie beim großen Stern arbeiten.

KLEINER STERN UND KUGEL

- 12 Minitüten XXS in Bordeaux, 4,5 x 6 cm
- Metallic-Perlen in Goldfarben, 2 x 8 mm Ø, 2 x 6 mm Ø
- Messingdraht, 0,3 mm Ø

Die Vorlage für den kleinen Stern und den Kugelstern passen jeweils auf eine Minitüte XXS. Dazu die Lasche bis auf ca. 1 cm kürzen, umbiegen und festkleben. Alle Tütenlagen ausschneiden und die zwölf Tüten jeweils aufeinander fixieren und zur vollen Form kleben. Die Perlenmitten und die Drahtaufhängungen wie beim großen Stern arbeiten.

Großer Stern 6 x

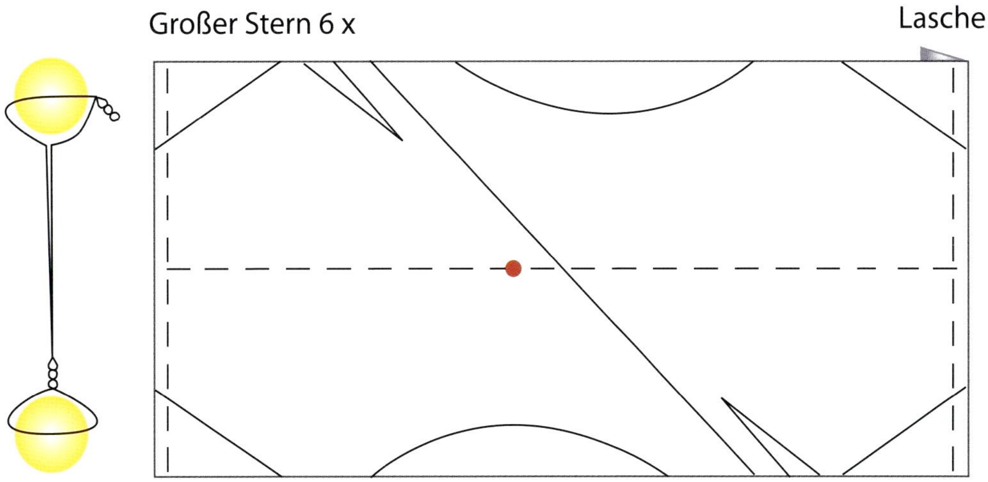

Mittlerer Stern 12 x

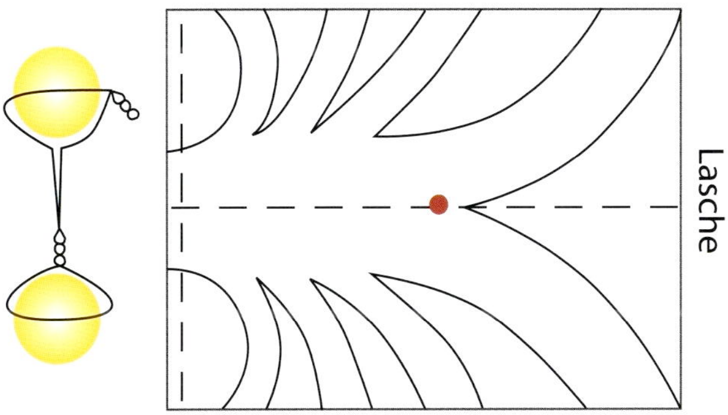

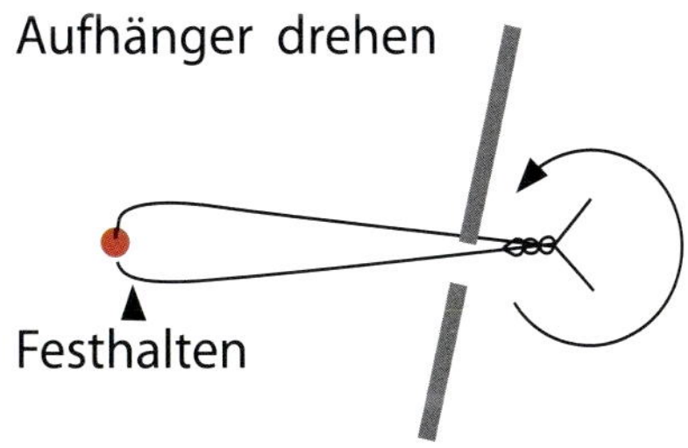

Kleiner Stern und Kugel 12 x

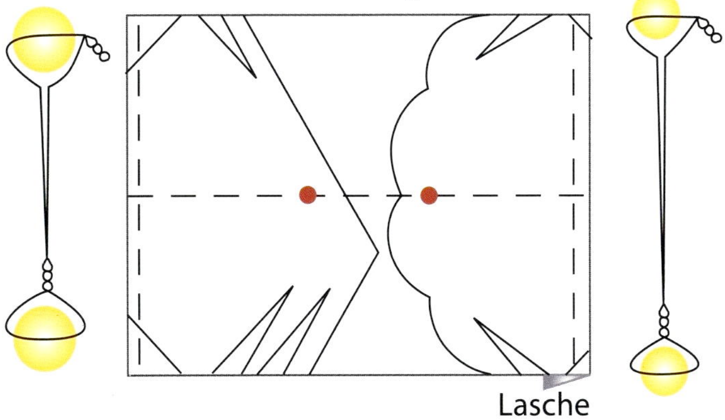

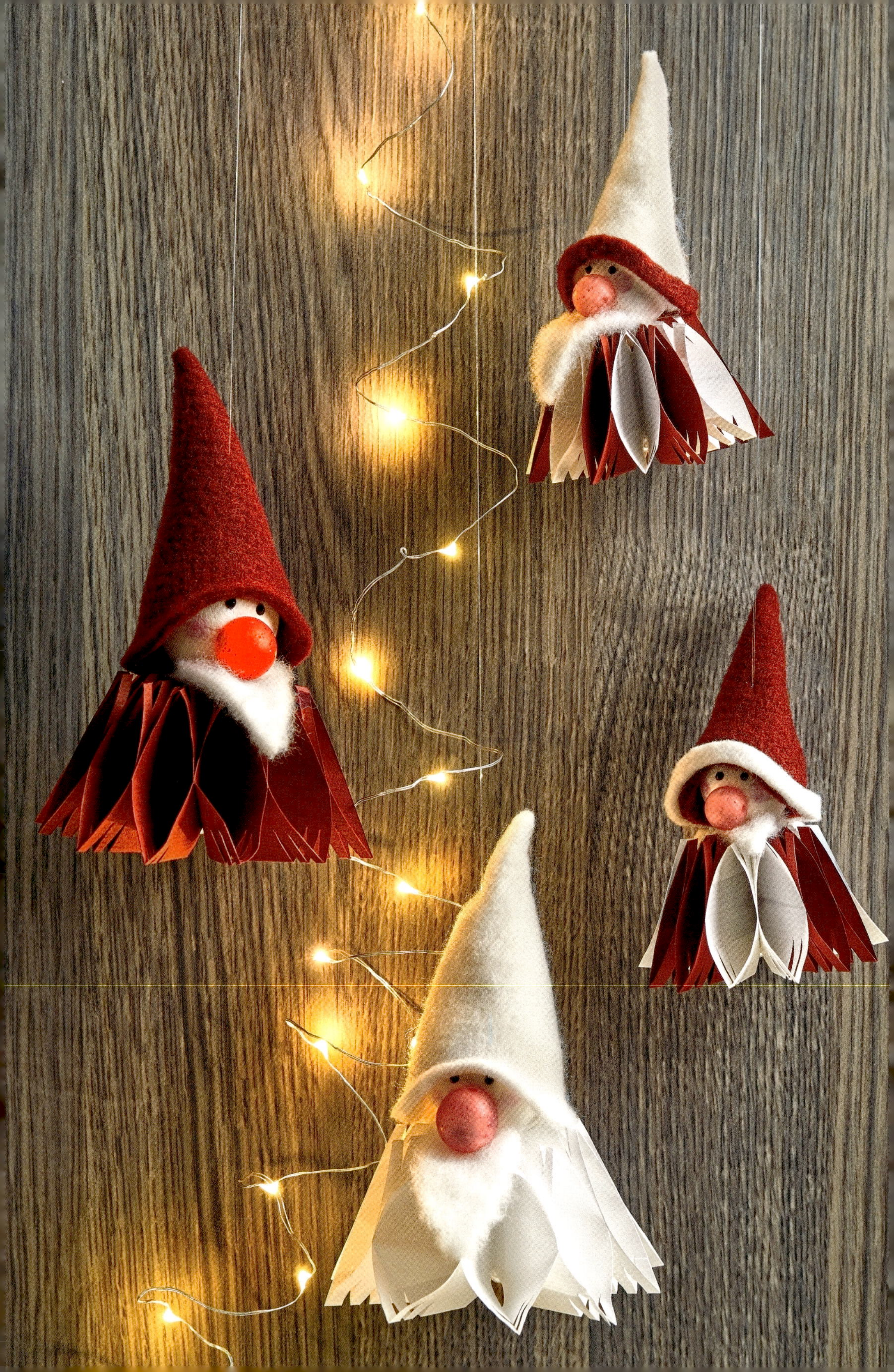

WICHTELFAMILIE

GROSSE WICHTEL

- 6 Minitüten in Weiß, ca. 5,3 x 11,5 cm
- 6 Minitüten in Bordeaux, ca. 5,3 x 11,5 cm
- 2 Wattekugeln, 4 cm Ø
- Polarisperle Sweet in Rosé, Rot, 20 mm Ø
- Textilfilz in Weiß, Bordeaux, 4 mm
- je 2 Wachsperlen in Weiß, 5 mm Ø

WICHTELKINDER

- 6 Minitüten XXS in Bordeaux, 4,5 x 6 cm
- 6 Minitüten XXS in Weiß, 4,5 x 6 cm
- 2 Polarisperlen Sweet in Rosé, 14 mm Ø
- 2 Wattekugeln, 3 cm Ø
- Textilfilz in Weiß und Bordeaux, 4 mm
- je 2 Wachsperlen in Weiß, 5 mm Ø

Vorlagen siehe Vorlagenbogen

Die großen Wichtel aus je sechs Minitüten in Weiß bzw. Bordeaux die für jeden Körper benötigten zwölf Tütenlagen einschneiden und aufeinander fixieren. Für die zwei Wichtelkinder je sechs Minitüten XXS in Weiß und Bordeaux verwenden und pro Farbe nach Vorlage zwölf Tütenlagen ausschneiden. Pro Wichtelkind sechs weiße und sechs rote Lagen nach der jeweiligen Skizze aufeinander kleben.

Augen- und Wangen mit dem Pearl-Pen und Farbstift auf dem Wattekopf anbringen. Für die große Polarisperlennase mit einer spitzen Schere eine Vertiefung von ca. 12 mm Durchmesser schneiden und die Perle einkleben.

Mützen und Bart aus Filz nach Vorlage ausschneiden, die geraden Seiten der Filzmütze mit Faden zusammennähen, den Mützenrand ein wenig nach oben biegen. Bei den Wichtelkindern einen schmalen Mützenrand aus Filz in der jeweiligen Mützenfarbe des anderen Wichtels aufkleben. Den Bart am Rand mit einer Nähnadel nach Wunsch etwas ausfransen.

Alle Teile von unten nach oben nach der Skizze auffädeln: Eine Wachsperle in die Mitte eines Perlonfadens schieben, dann beide Enden durch die Mitte des Körpers, des Bartes und des Kopfes nach oben ziehen. Die Fäden über dem Kopf miteinander verknoten, dann die Fäden durch die Mütze nach oben stechen und nochmals verknoten. Die Mütze am Kopf festkleben, wenn der Aufhängefaden die richtige Position eingenommen hat.

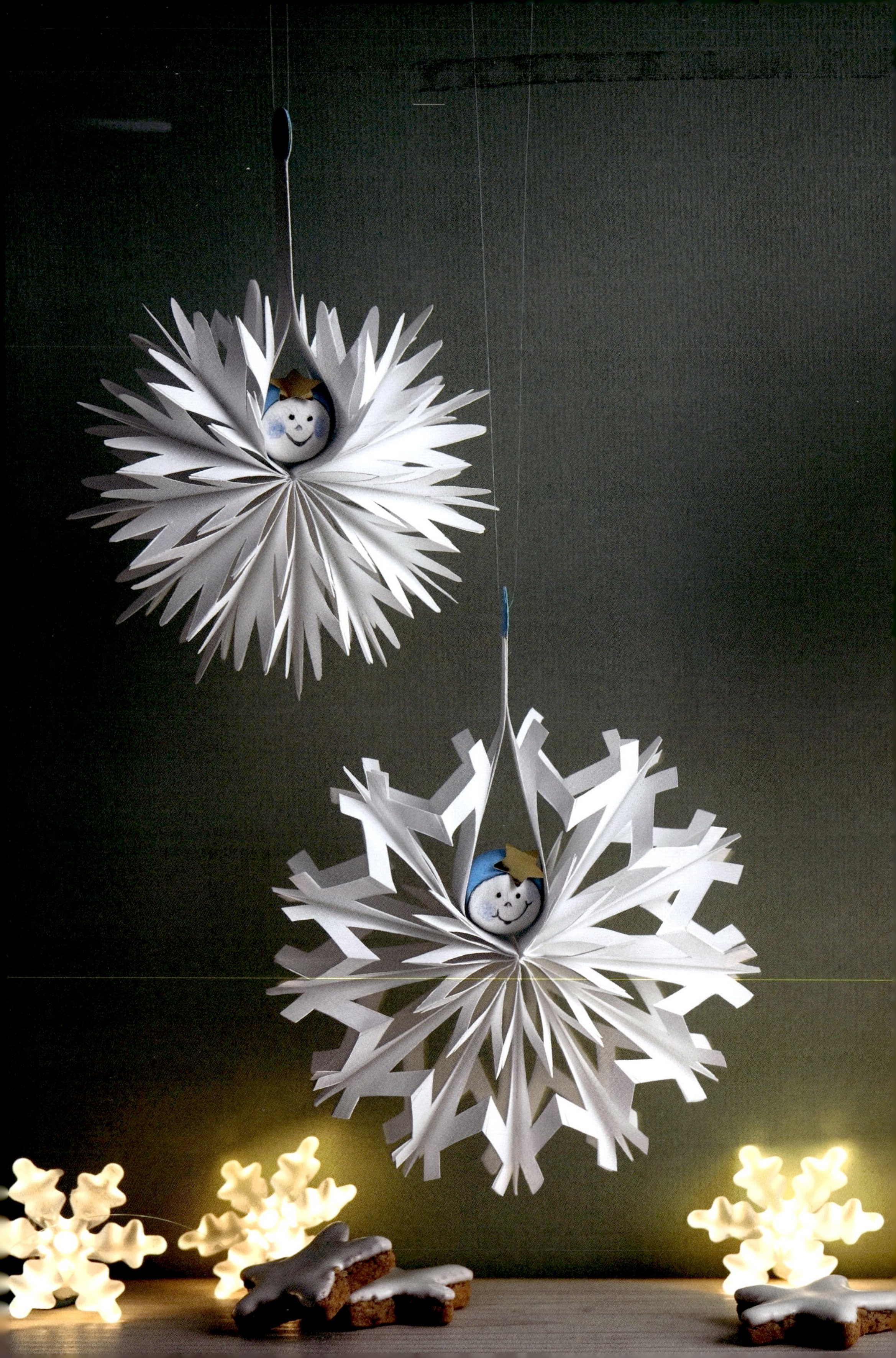

SCHNEEFLOCKEN

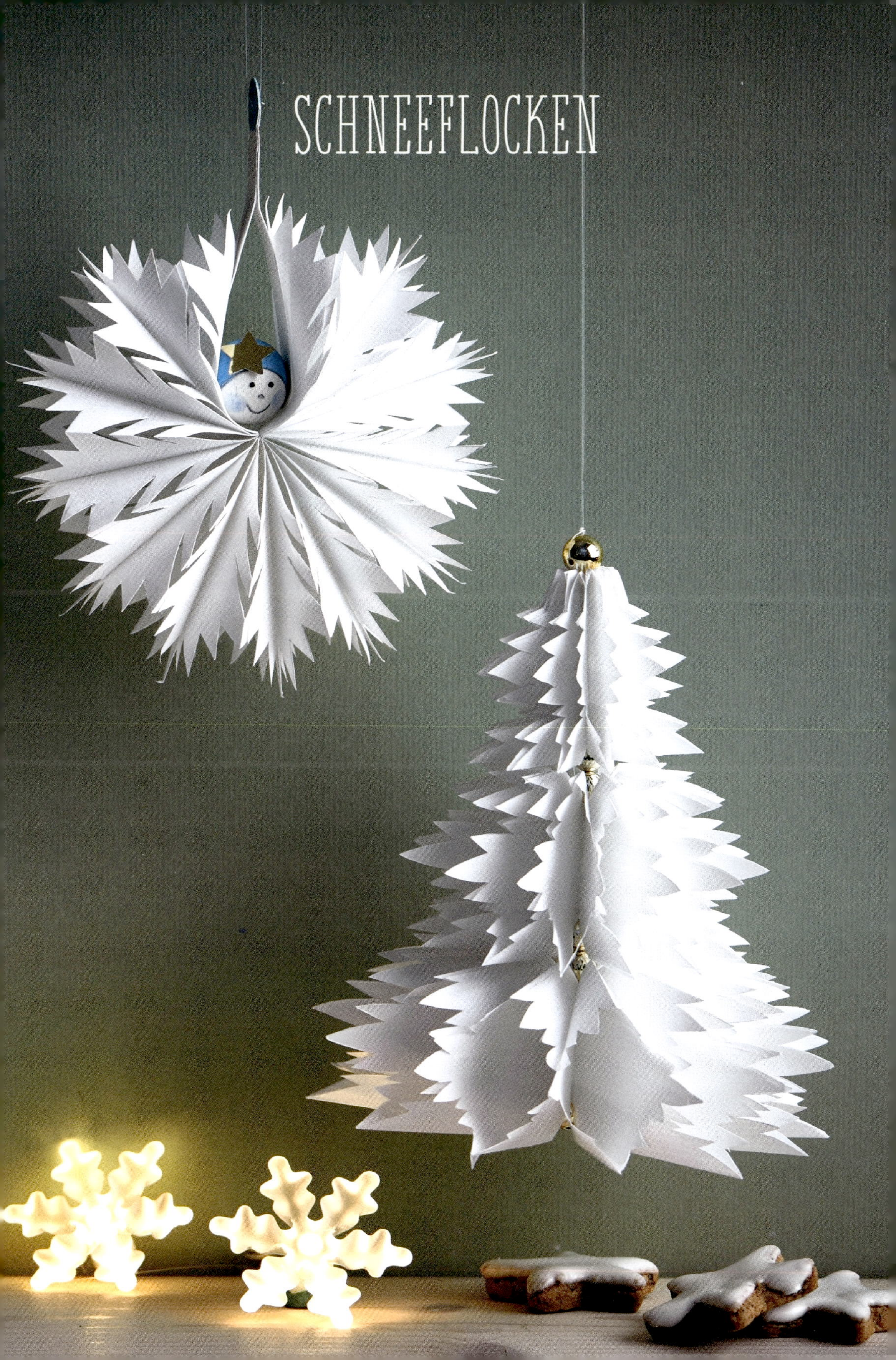

SCHNEEFLOCKEN

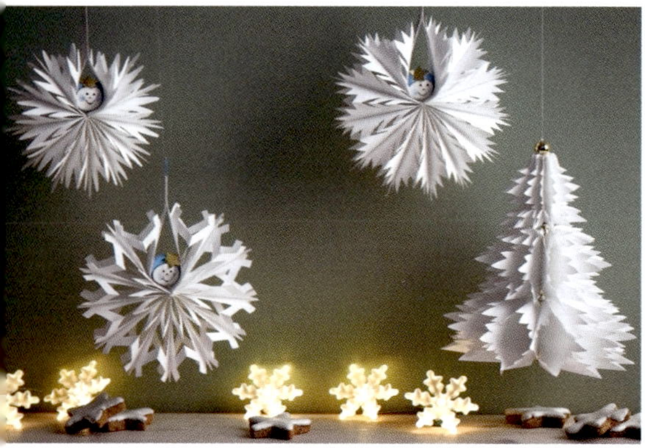

JEDE SCHNEEFLOCKE

- 12 Minitüten XXS in Weiß, 4,5 x 6 cm
- Wattekugel, 2 cm Ø
- Fotokarton in Weiß, 220 g/qm
- Fröbelstreifen in Metallic Gold
- Stanzer »Stern«

Für jede Schneeflocke eine Mütze mit Acrylfarbe in Türkisblau hell so auf die Wattekugel malen, dass die Löcher der Kugel seitlich rechts und links liegen. Das Gesicht mit dem Pearl-Pen, Blei- und Farbstift aufmalen. Die Arme jeweils zweimal aus Fotokarton ausschneiden. Die Handfläche blau bemalen. Den Armansatz jeweils links und rechts des Kopfes platzieren, ankleben und zur Sicherheit mit Faden annähen.

Die Schneeflockenmuster aus jeweils zwölf Tüten nach den getrennten Vorlagen ausschneiden und aufeinander fixieren. Die Tütenlagen auffalten. An den Außenseiten die mit dem Kopf verbundenen Arme so festkleben, dass der Kopf möglichst nahe über der Mitte der Faltform liegt. Die Arme, die über die Schneeflocke hinausragen, aufeinander fixieren. In die Hand ein kleines Loch für die Aufhängung stechen.

TANNENBAUM

- 36 Minitüten XXS in Weiß, 4,5 x 6 cm
- Metallic-Perlen in Goldfarben, 5 x 8 mm Ø,
- 1 x 10 mm Ø

Vorlage siehe Vorlagenbogen

Aus jeweils zwölf Minitüten XXS die drei für den Tannenbaum benötigten Teile nach Vorlage ausschneiden, aufeinander fixieren und zur vollen Form zusammenkleben. Von unten nach oben den Baum nach Vorlage auffädeln: Eine 8-mm-Perle in die Mitte eines Perlonfadens schieben. Die Fäden darüber verknoten und durch die Mitte des größten Tannenbaumelements nach oben ziehen. Jeweils nach zwei weiteren Goldperlen das nächste Element aufziehen, dann die Fäden in einer 10-mm-Perle kreuzen und darüber miteinander verknoten.

Strahlenflocke 12 x

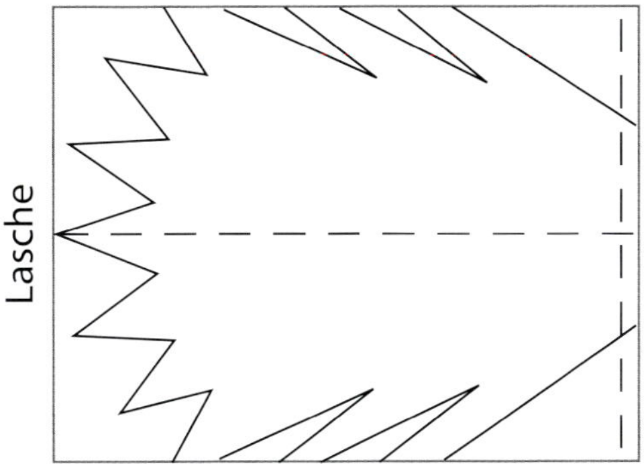

Bogenflocke 12 x

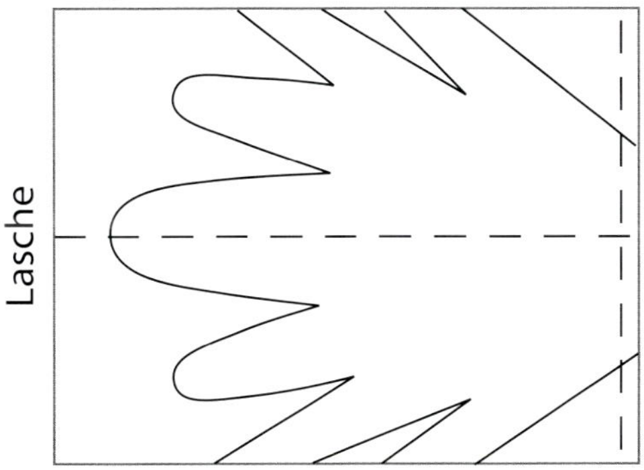

Eckenflocke 12 x

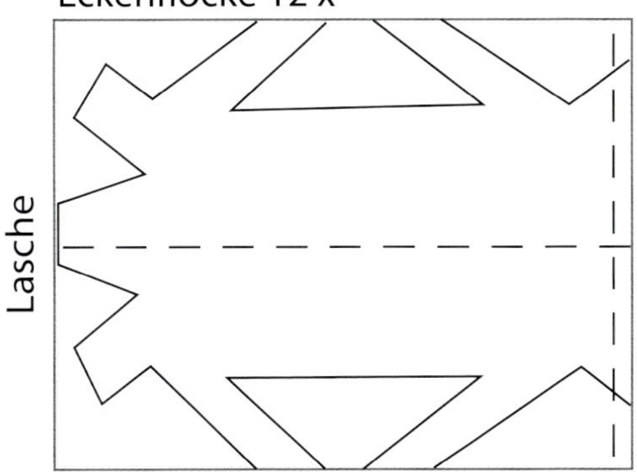

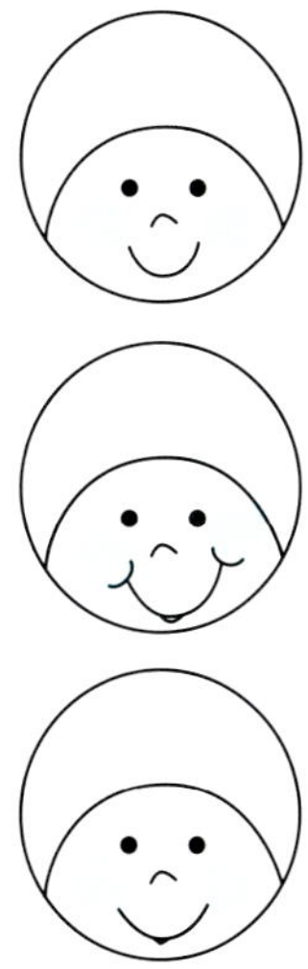

SCHNEEMÄNNER

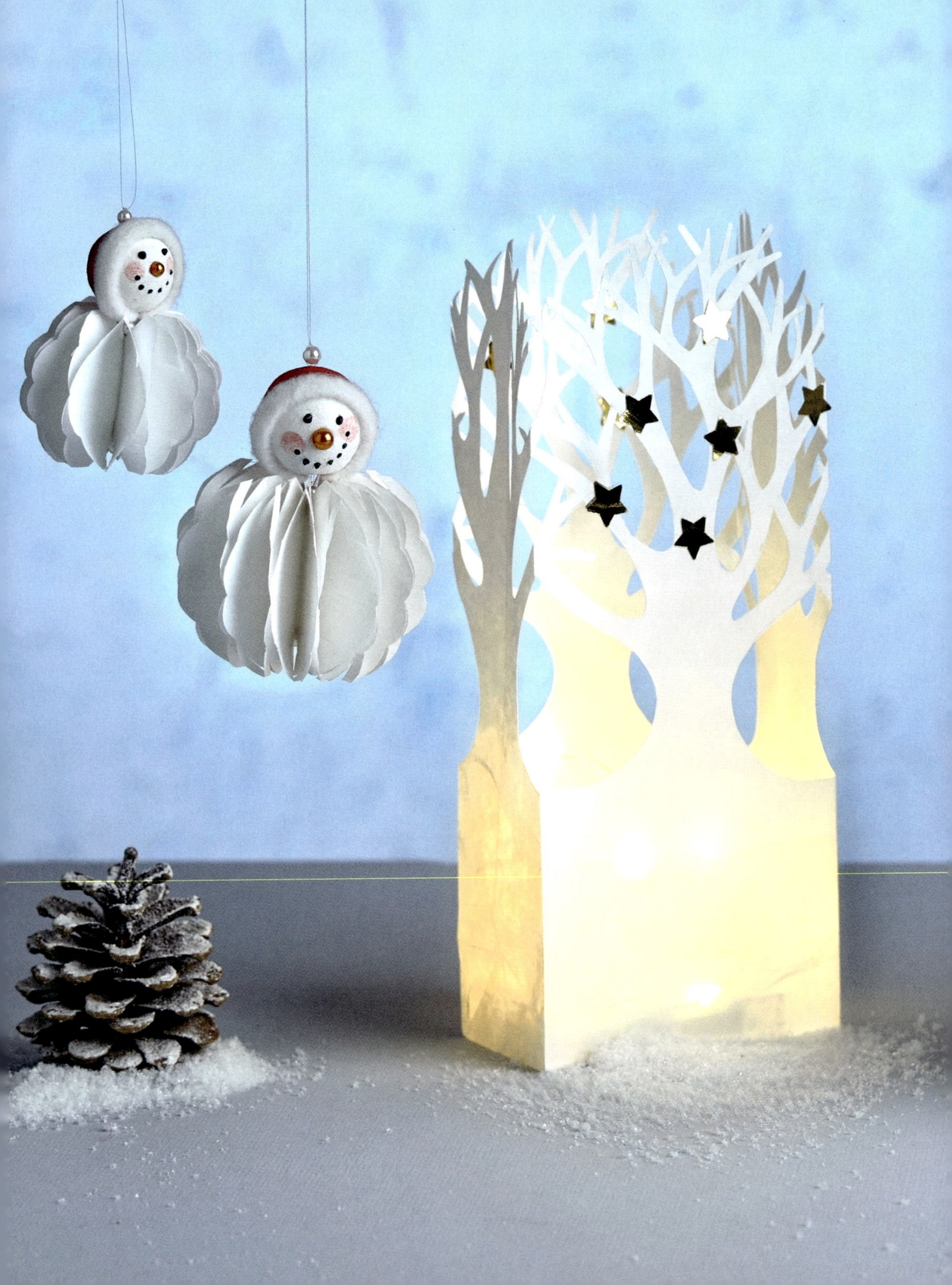

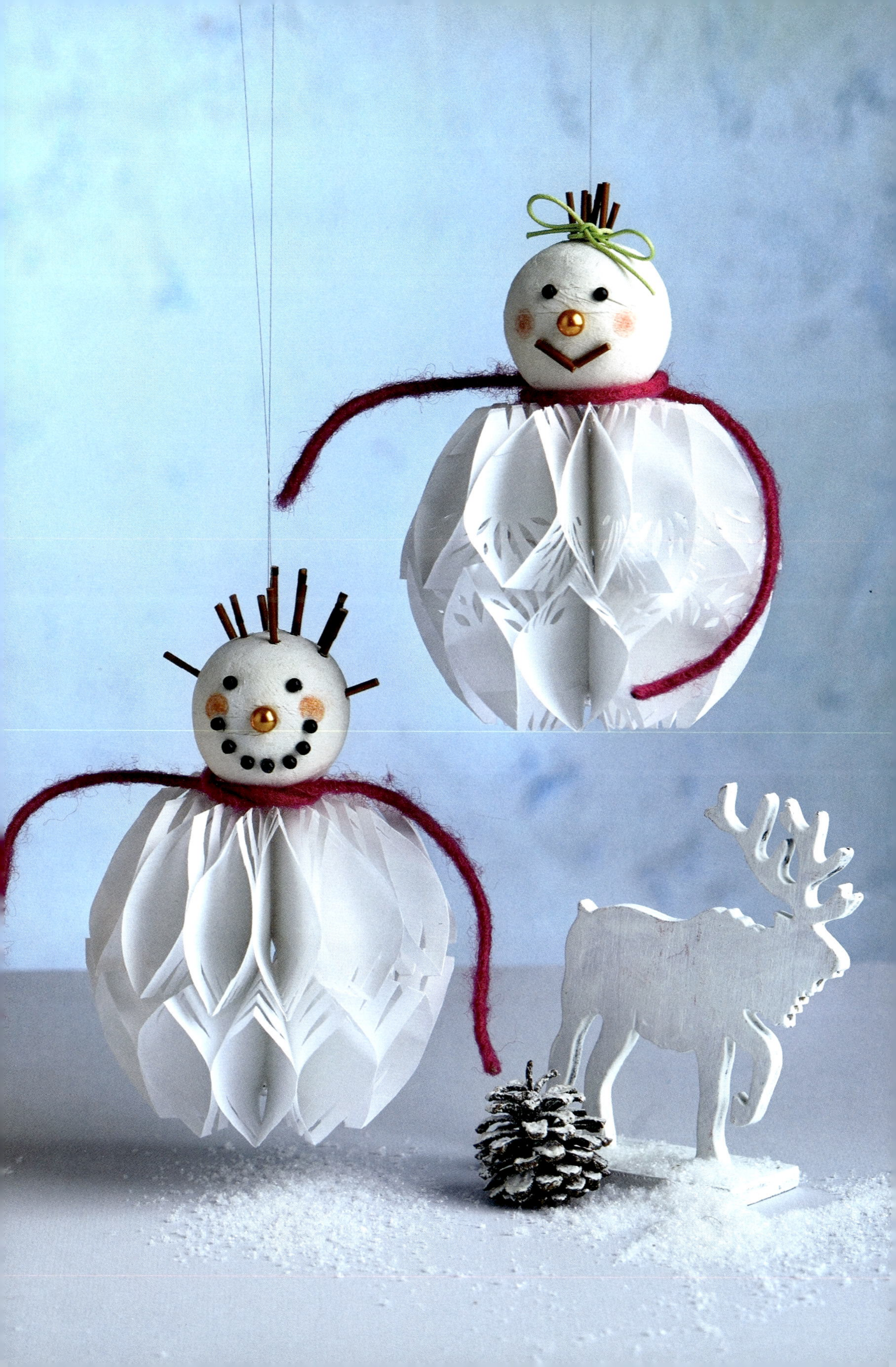

SCHNEEMÄNNER

LICHTERTÜTE WINTERBÄUME

- Blockbodenbeutel in Weiß, 10 x 24 cm
- Fröbelstreifen in Metallic Gold
- Stanzer »Stern«

Vorlage siehe Vorlagenbogen

Die Seiten der Tüte nach außen drücken und so umbiegen, dass Vorder- und Rückseite und die halben Seitenteile flach aufeinander liegen. Die Vorlage auf die Tüte übertragen und die Ausschnitte anbringen. Sterne aus Metallicstreifen ausstanzen und aufkleben.

SCHNEEMANNELTERN

- je 12 Minitüten in Weiß, ca. 5,3 x 11,5 cm
- je 1 Wattekugel in Weiß, 5 cm Ø
- je 2 Wachsperlen in Weiß, 5 mm Ø
- je 1 Wachsperle in Hellorange, 8 mm Ø
- Glaswachsperlen in Schwarz, 4 mm Ø, 9 x (Papa), 2 x (Mama)
- Reedstab in Orange
- Filz-Geschenkband in Fuchsia
- dünnes Band in Hellgrün (Mama)

Pro Schneemann jeweils zwölf Lagen für das Ober- und Unterteil ausschneiden und zur vollen Form kleben. Beide Teile so aufeinandersetzen, dass die Faltungen ineinandergreifen und von unten nach oben nach der Skizze auffädeln. Das Gesicht nach Abbildung gestalten. Haare aus Reed (15 bis 30 mm) in vorgebohrte Löcher einkleben. Den Kopf auffädeln. Evtl. Geschenkbändchen hinzufügen.

KINDER

- 6 Minitüten in Weiß, ca. 5,3 x 11,5 cm
- 6 Minitüten XXS in Weiß, 4,5 x 6 cm
- Wattekugel in Weiß, 3 cm Ø, 2,5 cm Ø
- je 2 Wachsperlen in Weiß, 5 mm Ø, 4 mm Ø
- je 1 Wachsperle in Hellorange, 6 mm Ø, 4 mm Ø
- Textilfilz in Weiß, 4 mm

Die beiden Körper aus je sechs Tüten ausschneiden, dabei von beiden Enden aus arbeiten. Die zwölf Lagen aufeinander fixieren. Mützen mit Acrylfarbe aufmalen, Wangen mit Farbstift. Als Mützenrand einen Filzstreifen fixieren. Augen und Mund mit dem Pearl-Pen aufsetzen und Perlen als Nasen aufkleben. Die Figuren mit Perlonfaden auffädeln (s. Skizzen).

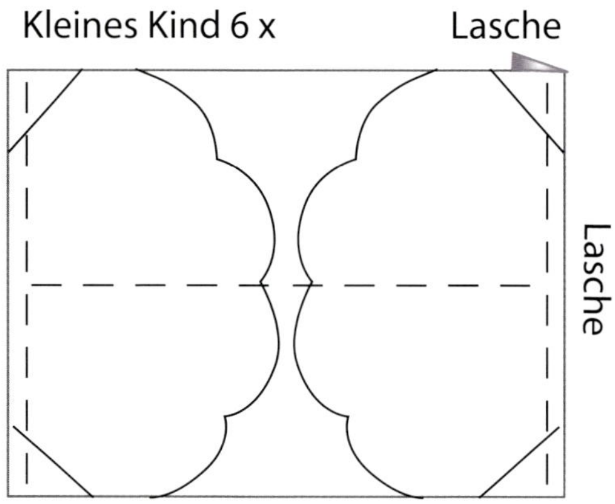

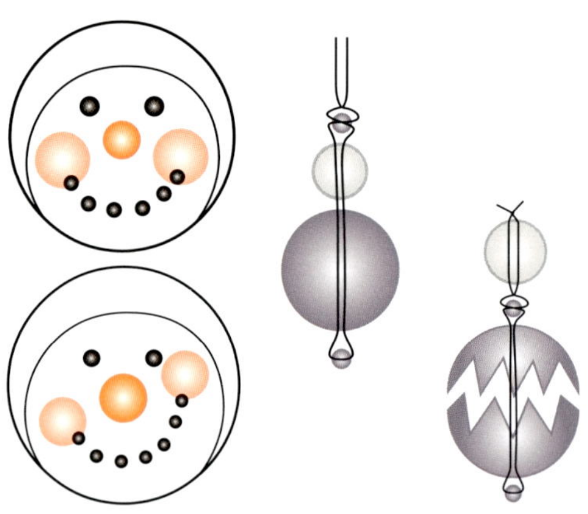

Schneemannpapa 12 x

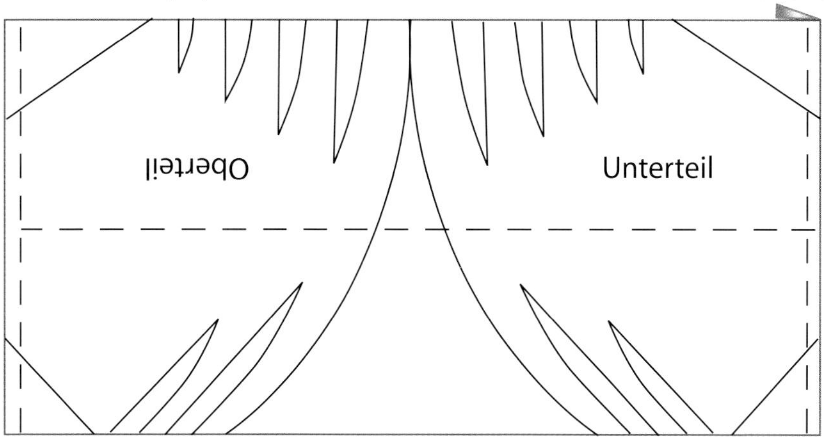

Schneemannmama 12 x

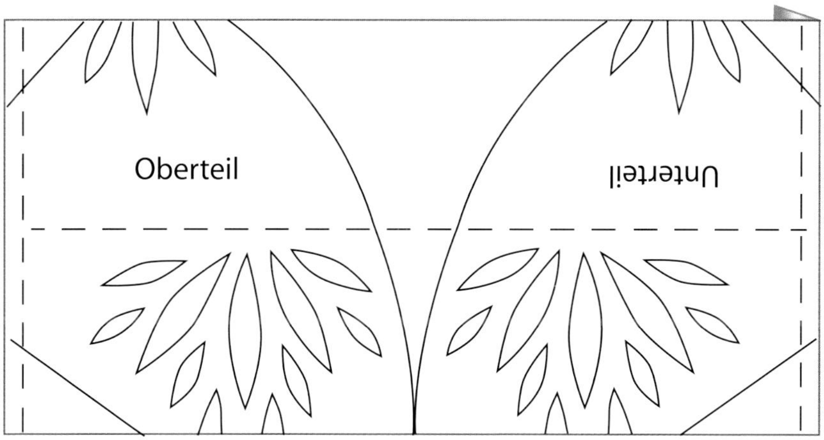

Großes Kind 6 x

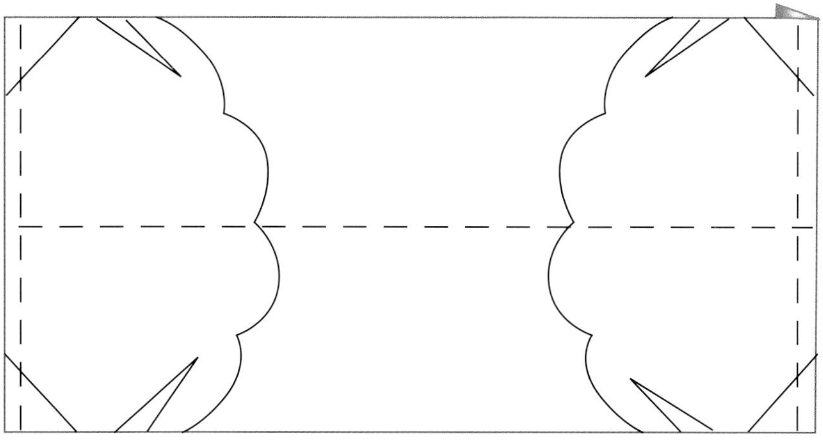

IM WINTERWALD

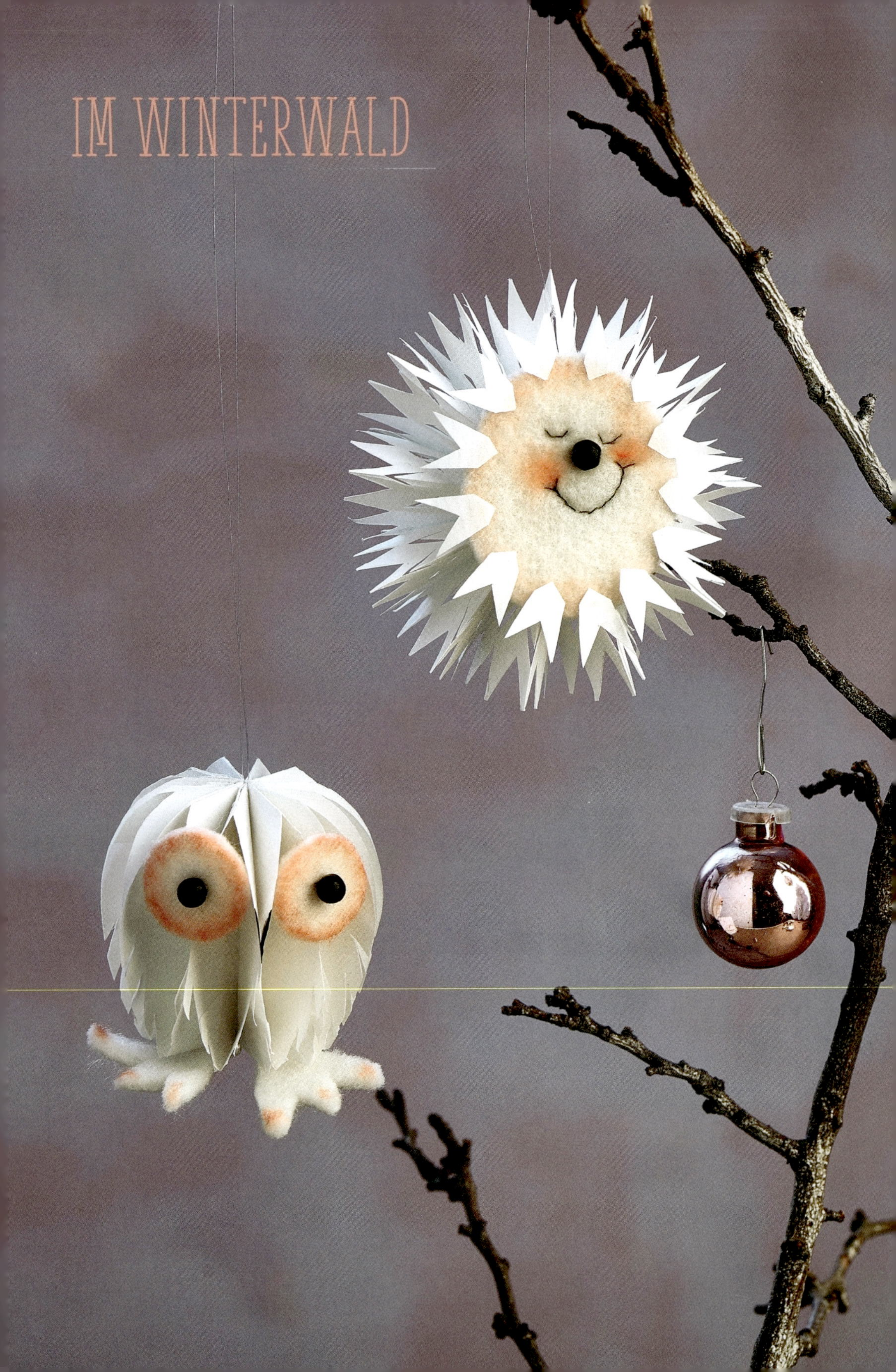

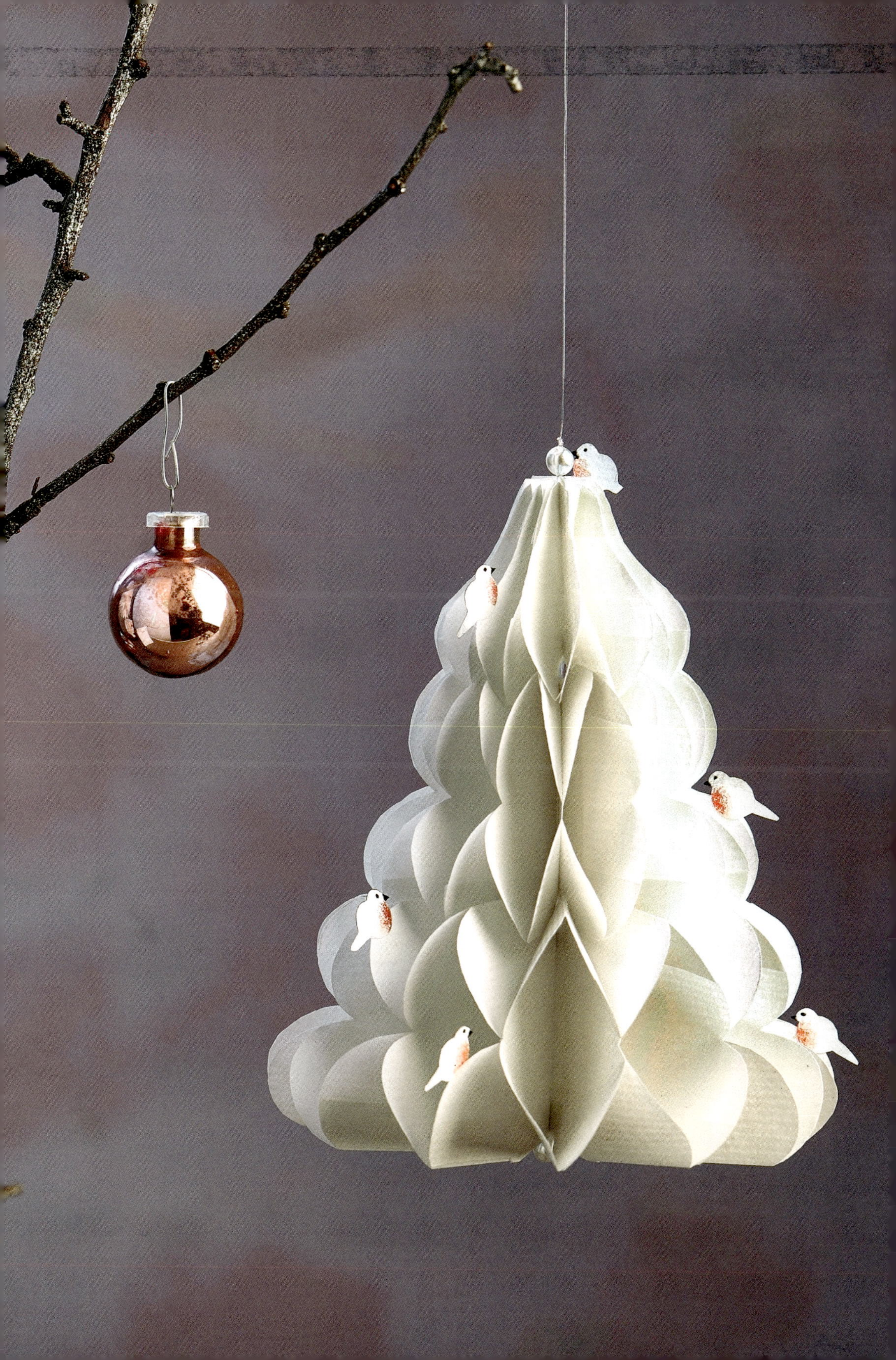

IM WINTERWALD

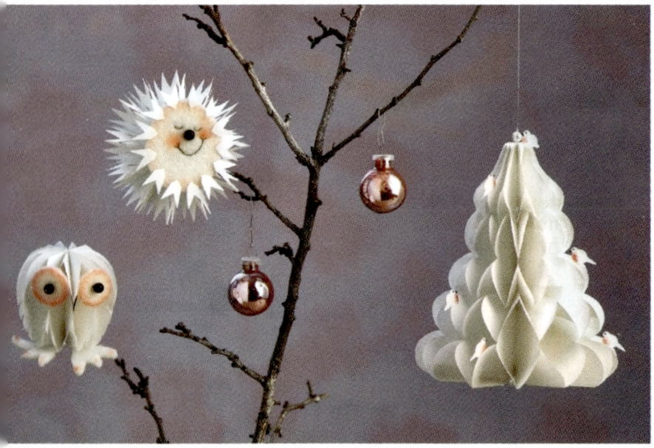

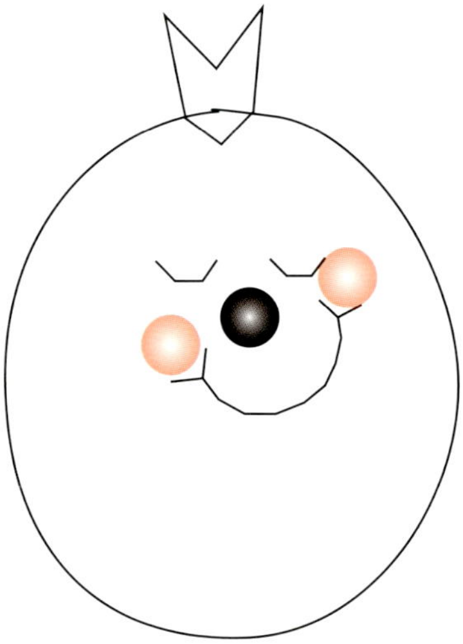

SCHLAFENDER IGEL

- 12 (plus 1) Minitüten XXS in Weiß, 4,5 x 6 cm
- Filzplatte in Weiß, ca. 3 mm
- Fotokarton in Weiß, 220 g/qm
- Nähfaden in Schwarz
- Glaswachsperle in Schwarz, 6 mm Ø

Aus zwölf Tüten den plastischen Igelkörper zusammenkleben. Die „Körperplatte“ aus Karton und Filz ausschneiden. Mund und Augen mit schwarzem Faden auf den Filz sticken, die Perlennase annähen, dann Filz und Karton zusammenkleben. Die Ränder mit einem roten Farbstift einfärben und Wangen andeuten. Den Kugelkörper auf den flachen Igelkörper kleben. Einzelne Stacheln aus einer Tüte ausschneiden und am Rand des Filzkörpers fixieren.

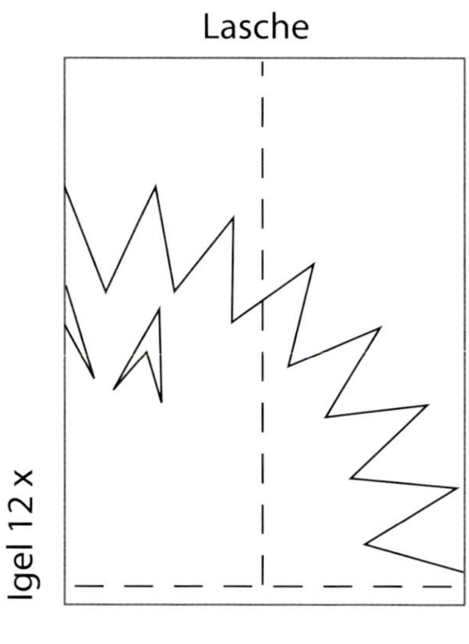

SCHNEEEULE

- 12 Minitüten in Weiß, ca. 5,3 x 11,5 cm
- Filzplatte in Weiß, ca. 3 mm
- Glaswachsperle in Schwarz, 6 mm Ø
- Wachsperle in Weiß, 4 mm Ø

Die Eule nach Vorlage aus zwölf Minitüten ausschneiden und die Lagen aufeinander fixieren. Perlen als Augen auf zwei Filzkreise nähen, den Rand mit Farbstift einfärben. Drei nebeneinander liegende Faltungen im oberen Bereich senkrecht zuschneiden, dann die Augenkreise dort aufkleben. Mittig mit einem Feinliner den Schnabel aufmalen. Füße aus Filz bemalen und unten am Körper fixieren.

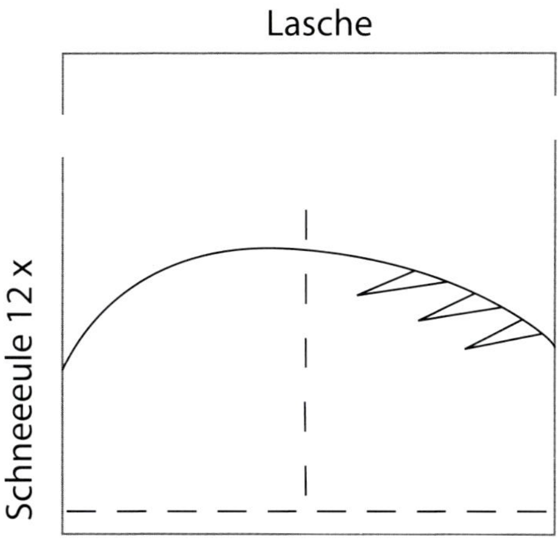

WINTERBAUM

- 12 Minitüten XXS in Weiß, 4,5 x 6 cm
- 12 Minitüten in Weiß, ca. 5,3 x 11,5 cm
- 2 Wachsperlen in Weiß, 6 mm Ø
- Fotokarton in Weiß, 220 g/qm

Vorlage siehe Vorlagenbogen

Die drei benötigten Teile des Baumes (A, B, C) aus jeweils zwölf Tüten nach Vorlage ausschneiden und jeweils zur vollen Form kleben.

Eine Wachsperle in die Mitte des Perlonfadens schieben, dann beide Fäden durch Bauteil C, B und A mittig so nach oben ziehen, dass sich die Faltungen ineinander fügen. Die Fäden in einer Wachsperle kreuzen und darüber miteinander verknoten (s. Skizze).

Optional kleine Vögel aus Fotokarton schneiden, bemalen und aufkleben.

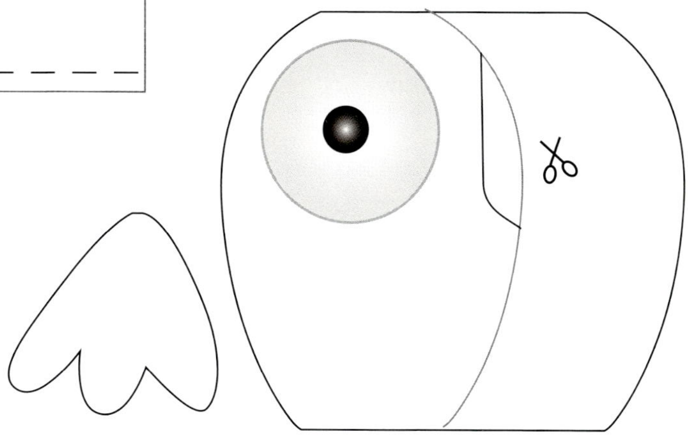

NIKOLAUS & CO.

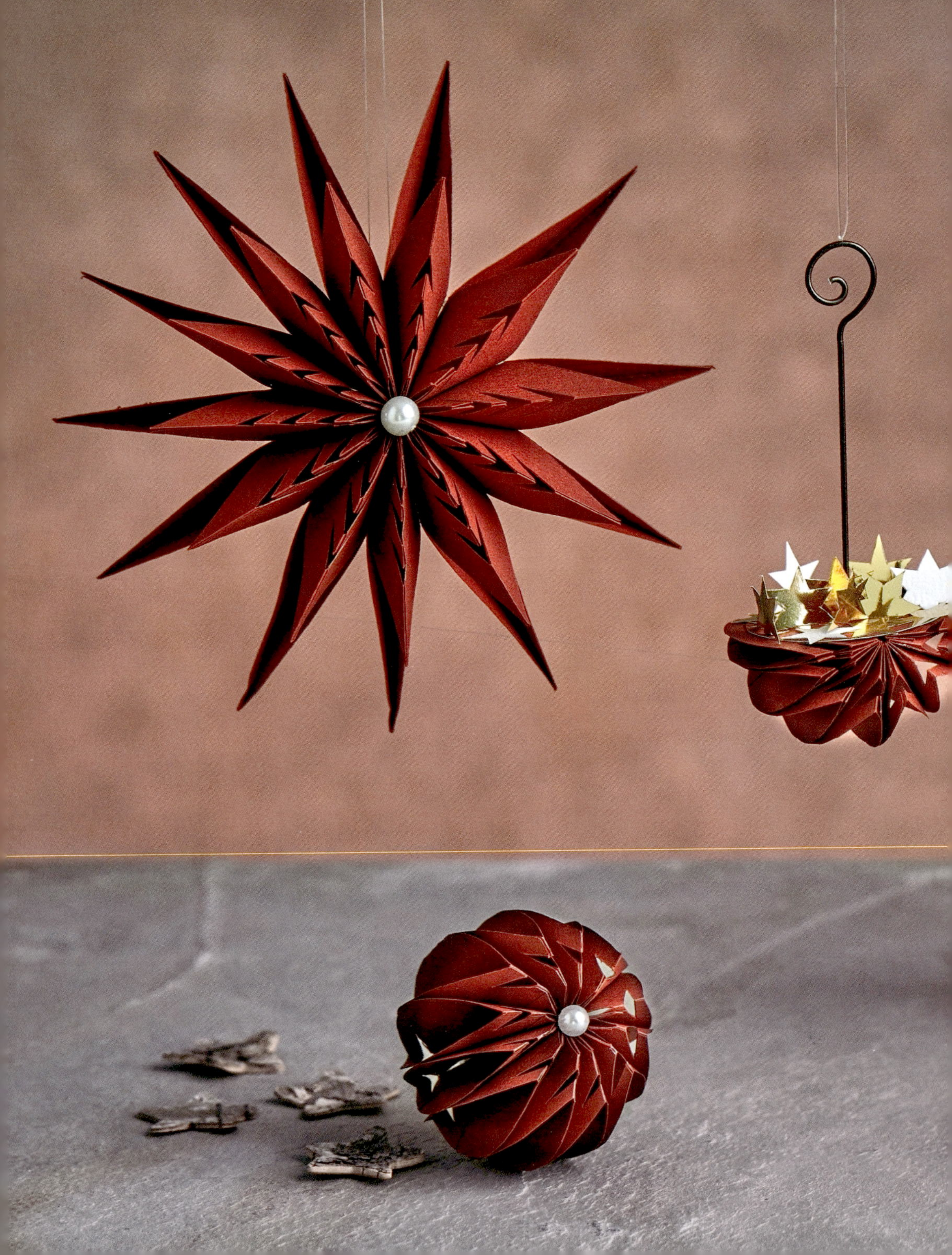

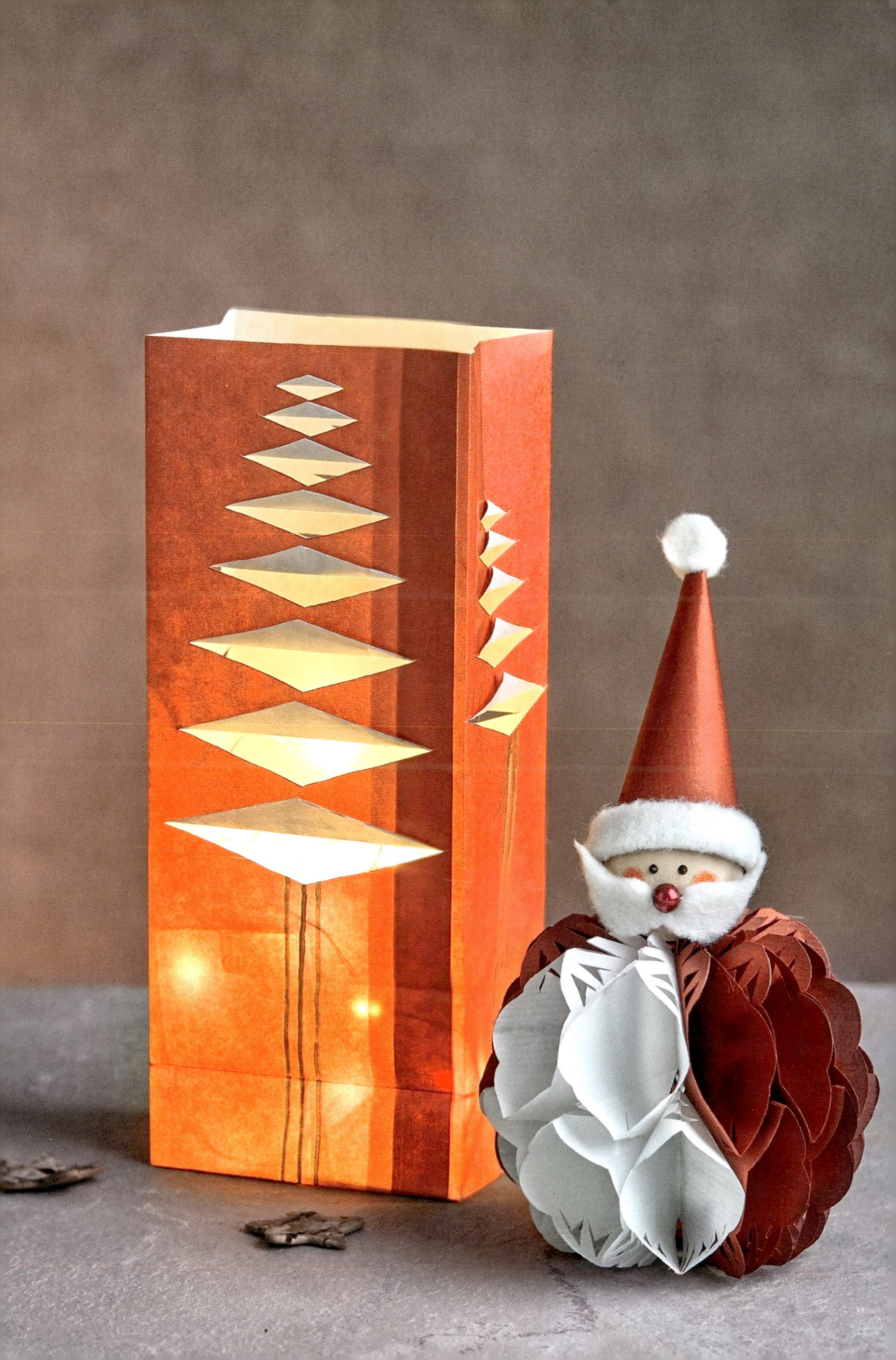

NIKOLAUS & CO.

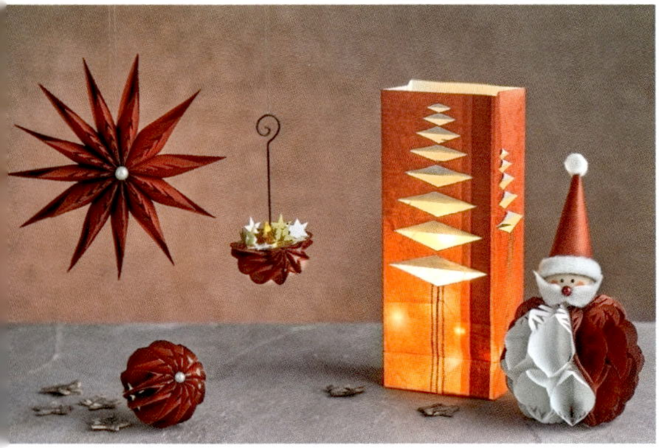

Die Fäden durch den Kopf nach oben führen, in einer Perle kreuzen und darüber verdrehen. Aus etwas mehr als einem Viertelkreis mit dem Radius von 10 cm eine Mütze formen, dazu das Papier über die Tischkante ziehen und die geraden Seiten so weit übereinander schieben, bis die Mütze gut passt. Die sich überlappenden Flächen der Mütze aufeinander kleben, die Mütze auf dem Kopf fixieren und mit einem 10 mm breiten Mützenrand aus Filz bekleben. Die Mützenspitze zwischen zwei Kreisen aus Filz einkleben.

NIKOLAUS

- 10 Minitüten in Bordeaux, ca. 5,3 x 11,5 cm
- 3 Minitüten in Weiß, 5,3 x 11,5 cm
- Briefbogen in Bordeaux, 90 g
- Rohholzkugel, gebohrt, 4 cm Ø
- Textilfilz in Weiß, 4 mm
- Renaissance Glas-Wachsperlen in Rot,
- 2 x 6 mm Ø und 2 x 8 mm Ø

Vorlage siehe Vorlagenbogen

Bei drei weißen und zehn Minitüten in Bordeaux die Laschen umknicken und festkleben, anschließend nach Vorlage die für das Ober- und Unterteil benötigten fünf Elemente in Weiß und 19 in Bordeaux ausschneiden und nach den jeweiligen Skizzen aufeinander fixieren. Das Oberteil mit zwei und das Unterteil mit drei weißen Tüten so zusammenstecken, dass die Faltungen ineinandergreifen und die Teile mit Perlonfaden und Perlen von unten nach oben nach der Skizze zusammenfügen.
Den Wattekopf in Portraitrosa grundieren, mit Pearl-Pen und Farbstift Augen und Wangen aufmalen und in eine Vertiefung die 8-mm-Perlennase einkleben. Einen Filzbart aufkleben.

STERN UND KUGEL

- 12 Minitüten in Bordeaux, ca. 5,3 x 11,5 cm
- je 2 Wachsperlen in Weiß, 8 mm (Kugel), 10 mm Ø (Stern)

Vorlage siehe Vorlagenbogen

Bei zwölf Minitüten die Laschen umknicken und festkleben. Die Vorlagen für die Kugel und den Stern übertragen, einschneiden und die zwölf Elemente aufeinander fixieren. Für die Kugel eine 8-mm-Perle, für den Stern eine 10- mm-Perle in die Mitte eines Messingdrahtes schieben. Die Fäden darüber verknoten und durch die Mitte des Papiersterns ziehen. Einen Draht durch die 8- bzw. 10-mm-Perle führen und mit dem anderen Draht fixieren.

STERNENSCHIRM

- 6 Minitüten in Bordeaux, ca. 5,3 x 11,5 cm
- Fotokarton in Weiß, 220 g/qm
- Fröbelstreifen in Metallic Gold
- Steckdraht, 15 cm, 1,2 mm Ø

Die sechs Tütenteile für den Schirm nach der Vorlage ausschneiden und je drei aufeinander fixieren. Beim Zusammenkleben der Dreierlagen 15 cm Steckdraht senkrecht zum Tütenboden mittig mit einkleben. Einen Kreis aus Fotokarton mit Papier in Bordeaux bekleben, mittig auf den Steckdraht schieben und auf den Außenseiten des entfalteten Schirmes fixieren. Mit einer Zange den Steckdraht am Ende eindrehen. Sterne aus weißem Fotokarton und goldener Folie schneiden, zum Teil knicken und auf den Schirm kleben.

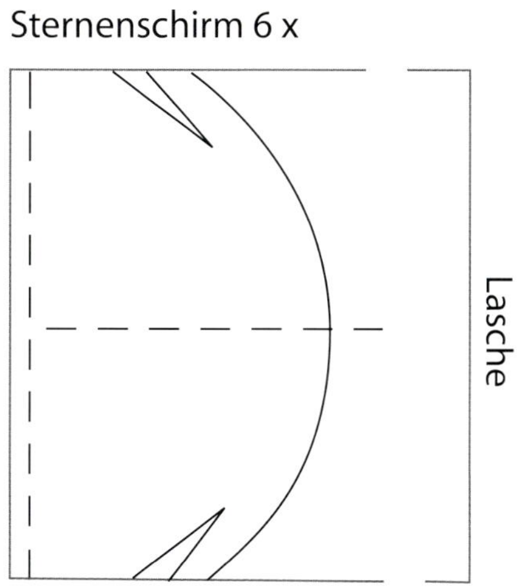

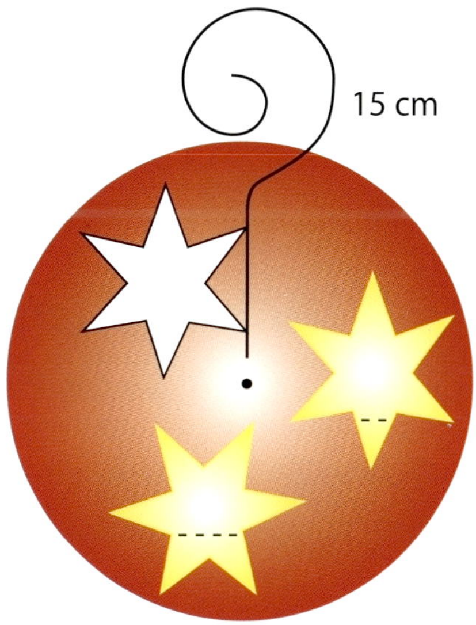

TANNENBAUMTÜTE

- Blockbodenbeutel in Dunkelrot, 80 g, 10 x 24 cm
- Lackmalstift in Gold

Vorlage siehe Vorlagenbogen

Die Seiten der Tüte nach außen drücken und so umbiegen, dass Vorder- und Rückseite sowie die halben Seitenteile flach aufeinander liegen. Die schrägen Einschnitte übertragen und auf einer schnittfesten Unterlage anbringen. Die gestrichelten Talfalten einprägen, dann die Dreiecke jeweils nach oben falten. Senkrechte Linien mit dem Lackmalstift ziehen.

FILIGRANE STERNE

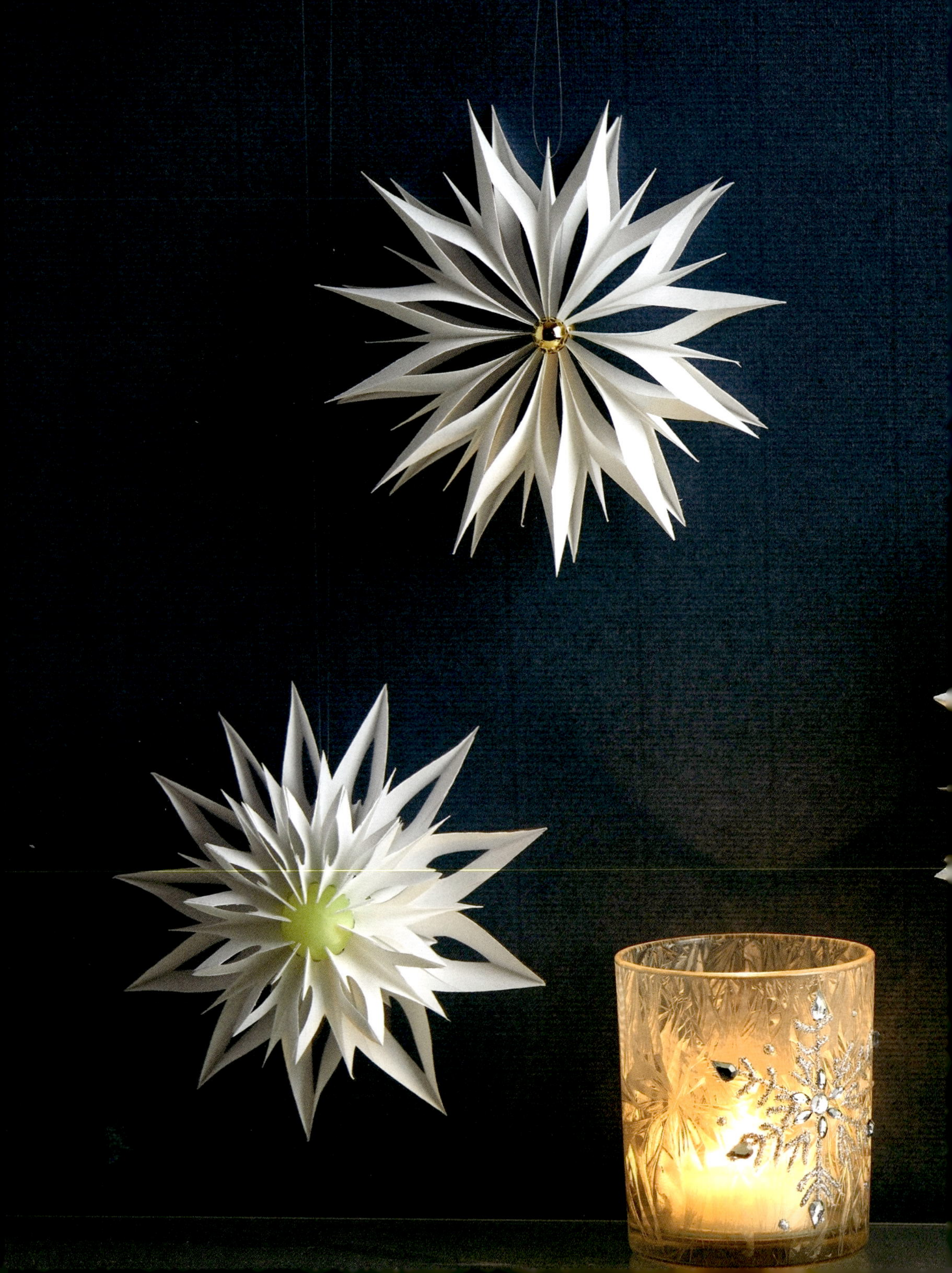

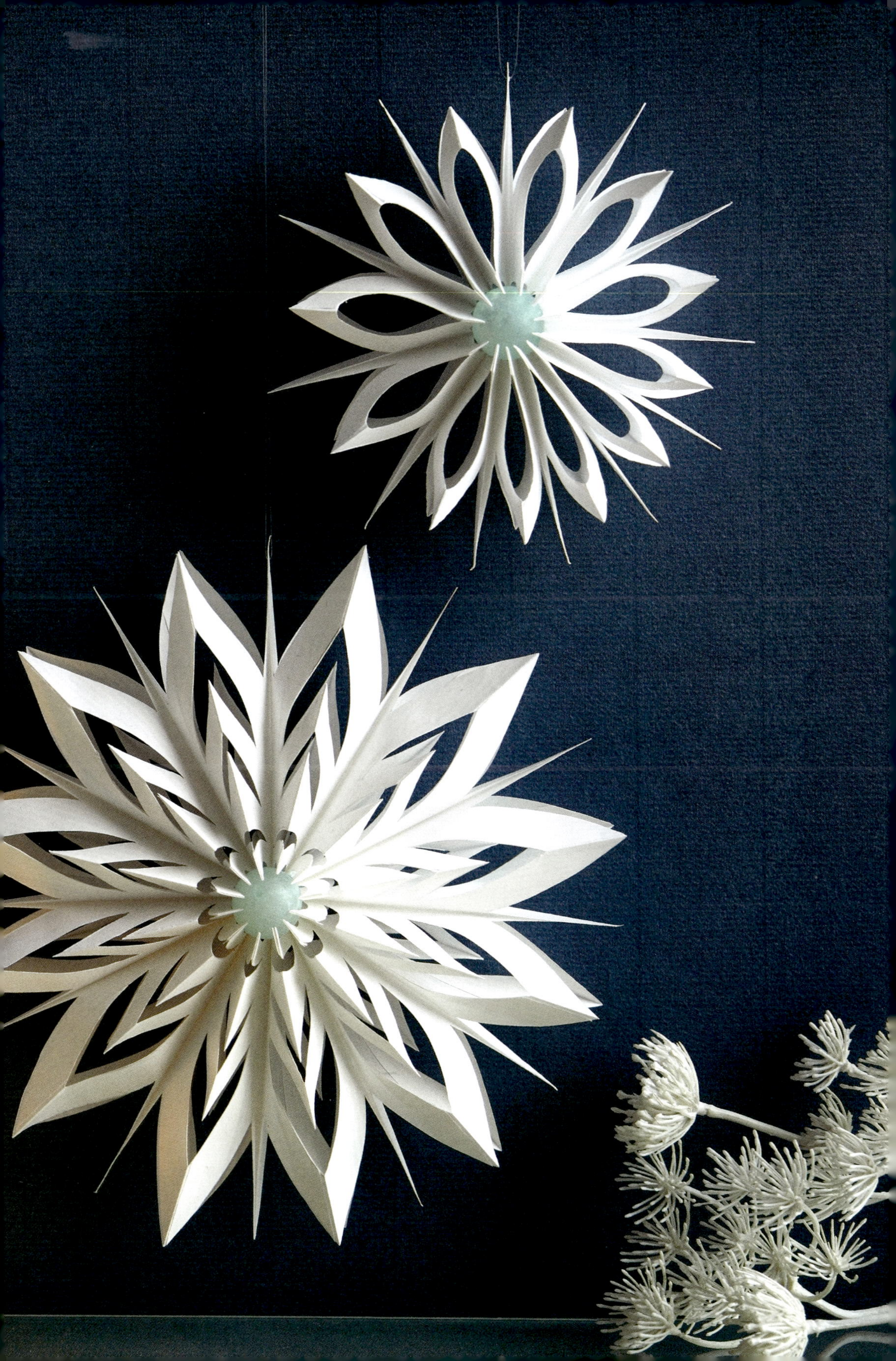

FILIGRANE STERNE

STERNE MIT POLARISPERLE

- je 12 Minitüten in Weiß, ca. 5,3 x 11,5 cm (großer und mittelgroßer Stern)
- 12 Minitüten XXS in Weiß, ca. 4,5 x 6 cm (kleiner Stern)
- je 2 Polarisperlen Sweet in Hellblau, 20 mm Ø (großer und mittelgroßer Stern)
- 2 Polarisperlen Sweet in Hellgrün 20 mm Ø (kleiner Stern)

Pro Stern die Ausschnitte auf jeweils zwölf Tüten anbringen und die zwölf Lagen aufeinander fixieren. Beim Auffalten der Form und vor dem Zusammenkleben der Außenseiten des Tütenstapels auf beiden Seiten des Sternes einfach je eine Polarisperle als Mitte einlegen.

STERN MIT GOLDMITTE

- 12 Minitüten XXS in Weiß, 4,5 x 6 cm
- 2 Metallic-Perlen in Goldfarben, 10 mm Ø
- Messingdraht, 0,3 mm Ø

Den Stern aus zwölf Tüten nach Vorlage ausschneiden, zusammenkleben und zur vollen Form kleben. Eine 10-mm-Perle in die Mitte eines Messingdrahtes schieben. Die Drähte darüber verdrehen und durch die Mitte des Sterns ziehen. Einen Draht durch die zweite 10-mm-Perle führen und mit dem anderen Draht verdrehen.

Kleiner Stern 12 x

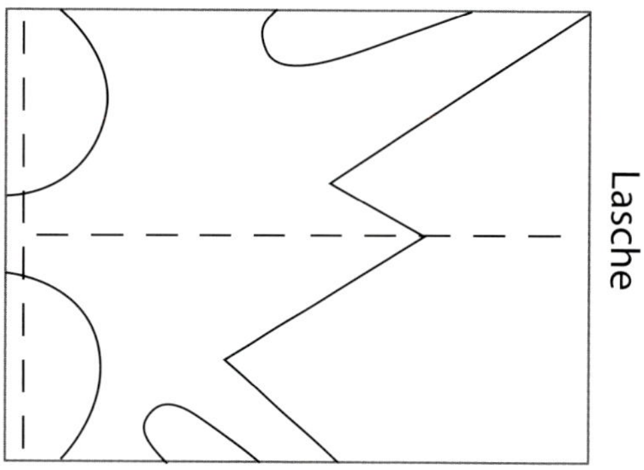

Stern mit Goldmitte 12 x

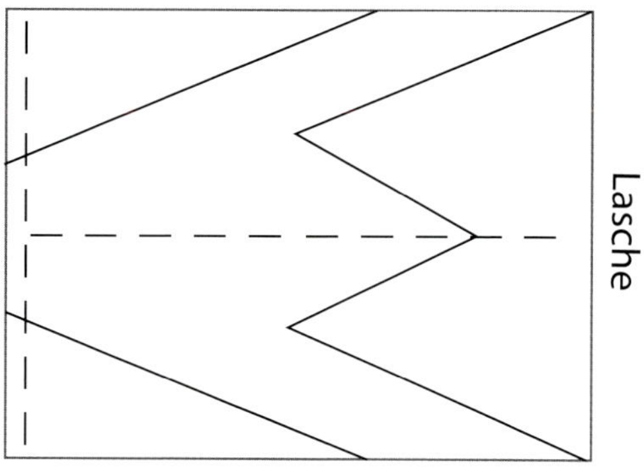

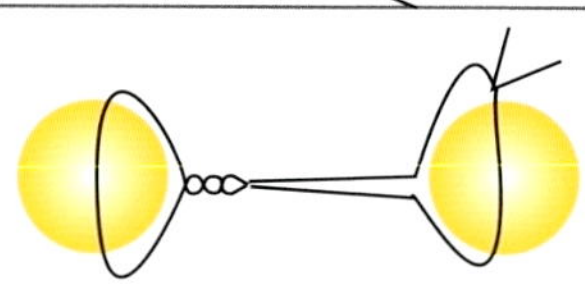

Lasche

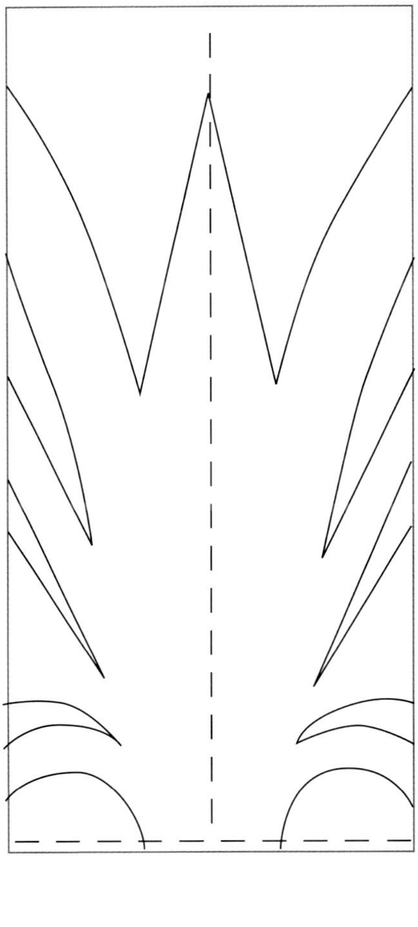

Großer Stern 12 x

Lasche

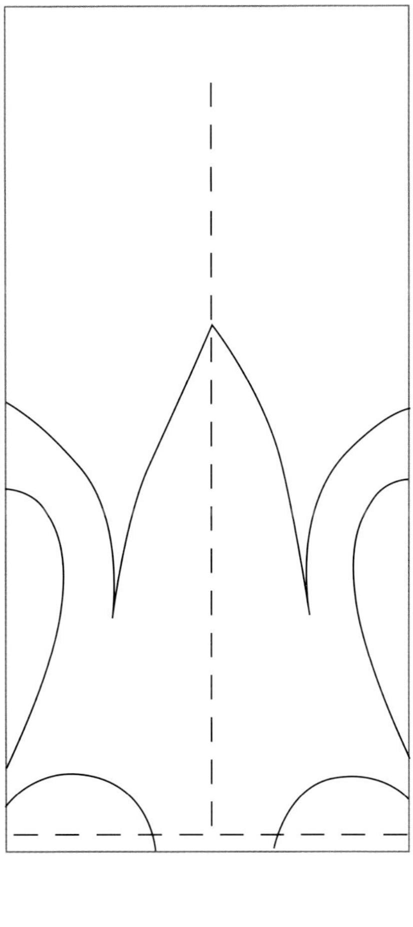

Mittelgroßer Stern 12 x

WINTERVÖGEL

ROTKEHLCHEN

- 6 Minitüten XXS in Weiß, 4,5 x 6 cm
- Fotokarton in Weiß, 220 g/qm

Den Vogelkörper zweifach aus Fotokarton aus- und einschneiden, die Lagen bis auf den Schwanz aufeinander fixieren und rot bemalen. Die Flügel aus sechs Minitüten nach Vorlage ausschneiden und jeweils sechs Faltungen aufeinander kleben. Die Formen jeweils zum Halbkreis entfalten und mit den Außenseiten auf Vorder- und Rückseite des Vogels aufkleben.

GOLDKEHLCHEN

- 12 Minitüten XXS in Weiß, 4,5 x 6 cm
- Fotokarton in Weiß, 220 g/qm
- Holographische Folie in Dots Gold,
- selbstklebend

Vorlage siehe Vorlagenbogen

Den Vogelkörper zweifach aus Fotokarton aus- und einschneiden, die Lagen bis auf den Schwanz aufeinander fixieren. Kopf und Brust auf beiden Seiten mit holographischer Folie bekleben. Die Flügel aus zwölf Minitüten ausschneiden und aufeinander kleben. Die zusammengeklappten Faltungen mit einer Außenseite auf der Vorderseite aufkleben, die Form über die Rückenkante auffalten und auf der Rückseite mit der anderen Außenseite fixieren.

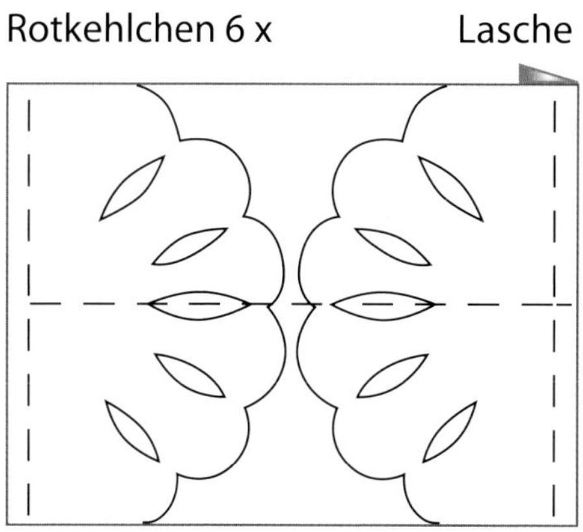

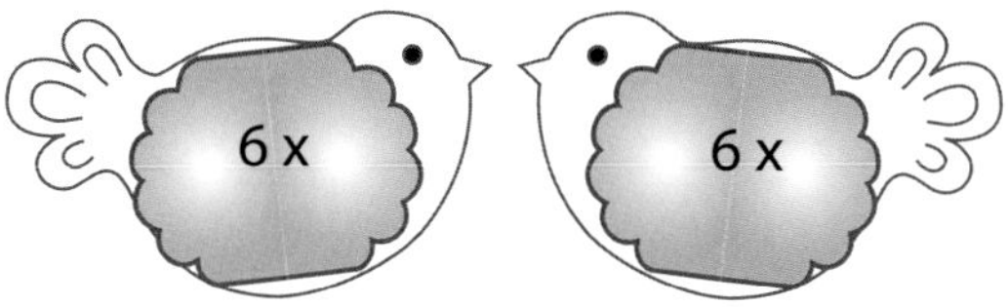

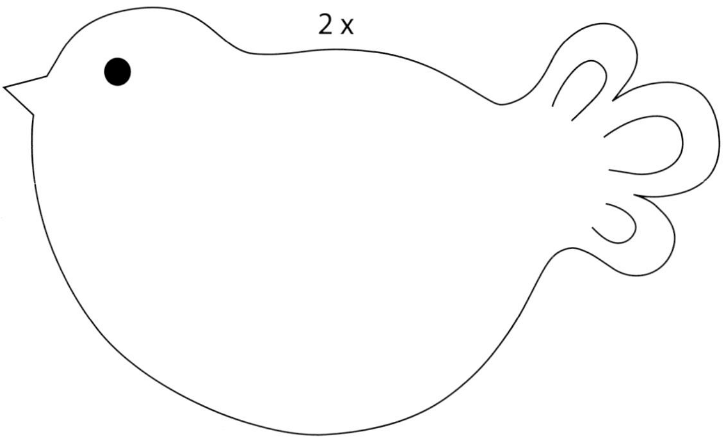

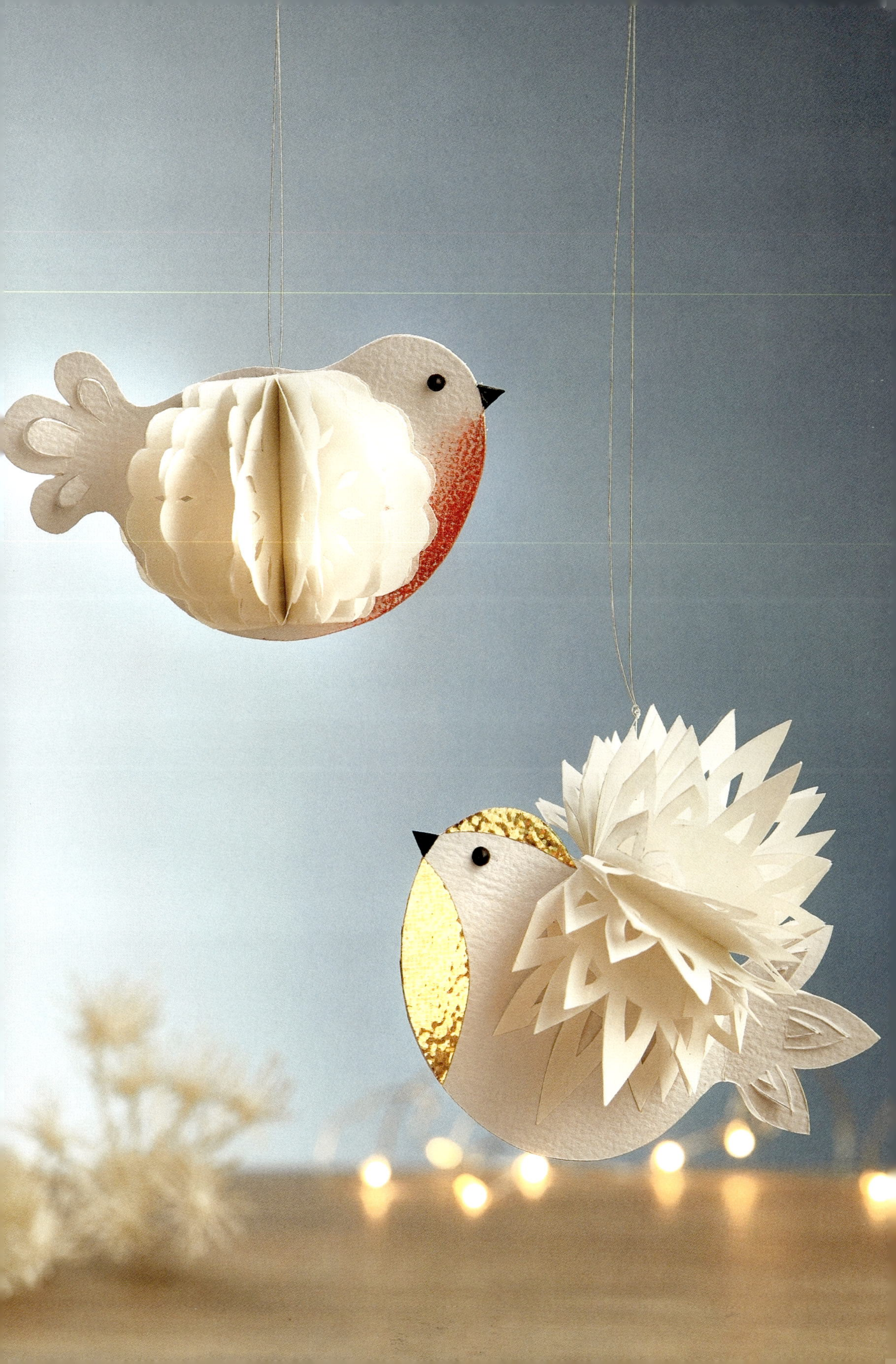

PINGUIN & CO.

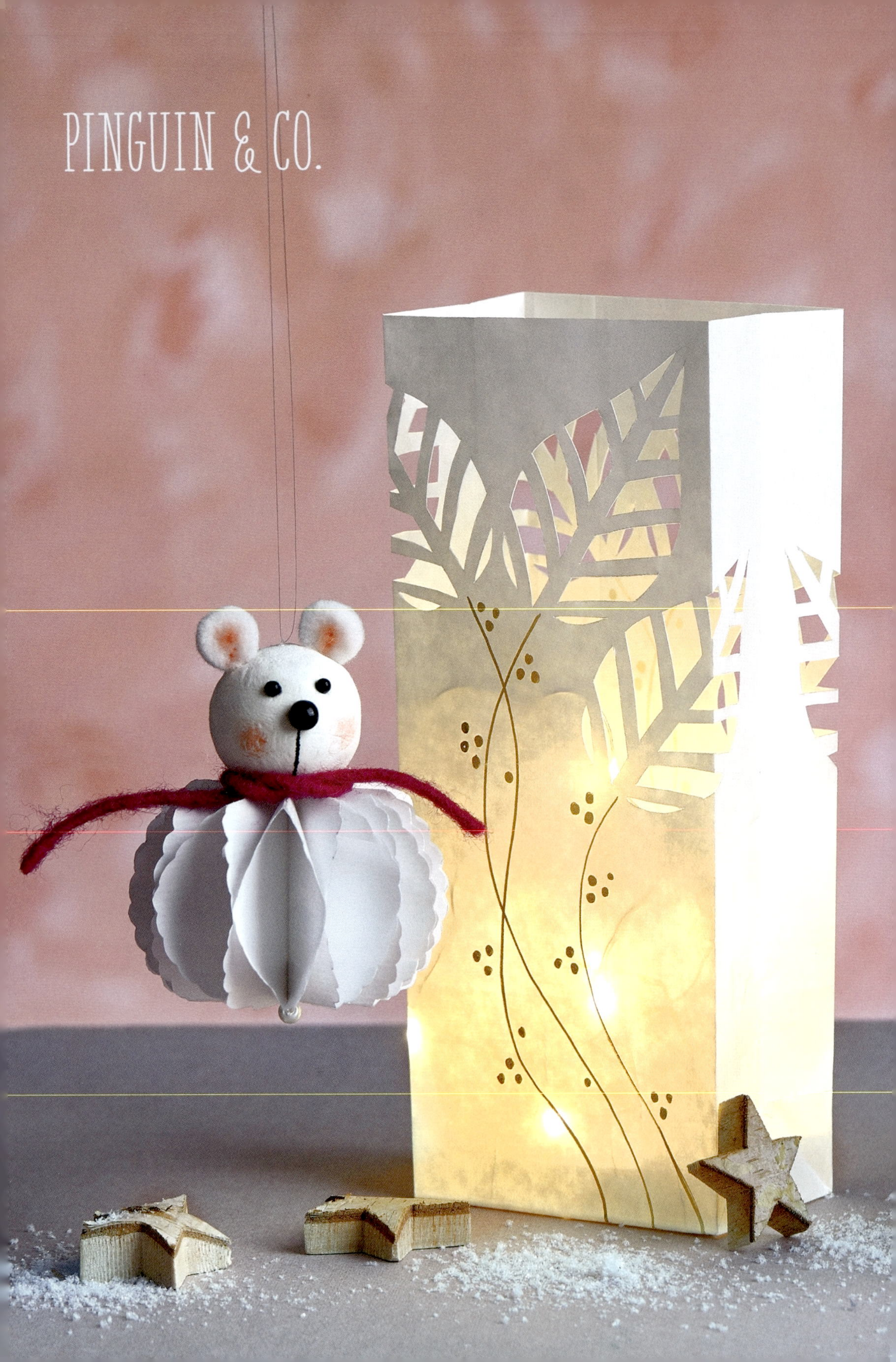

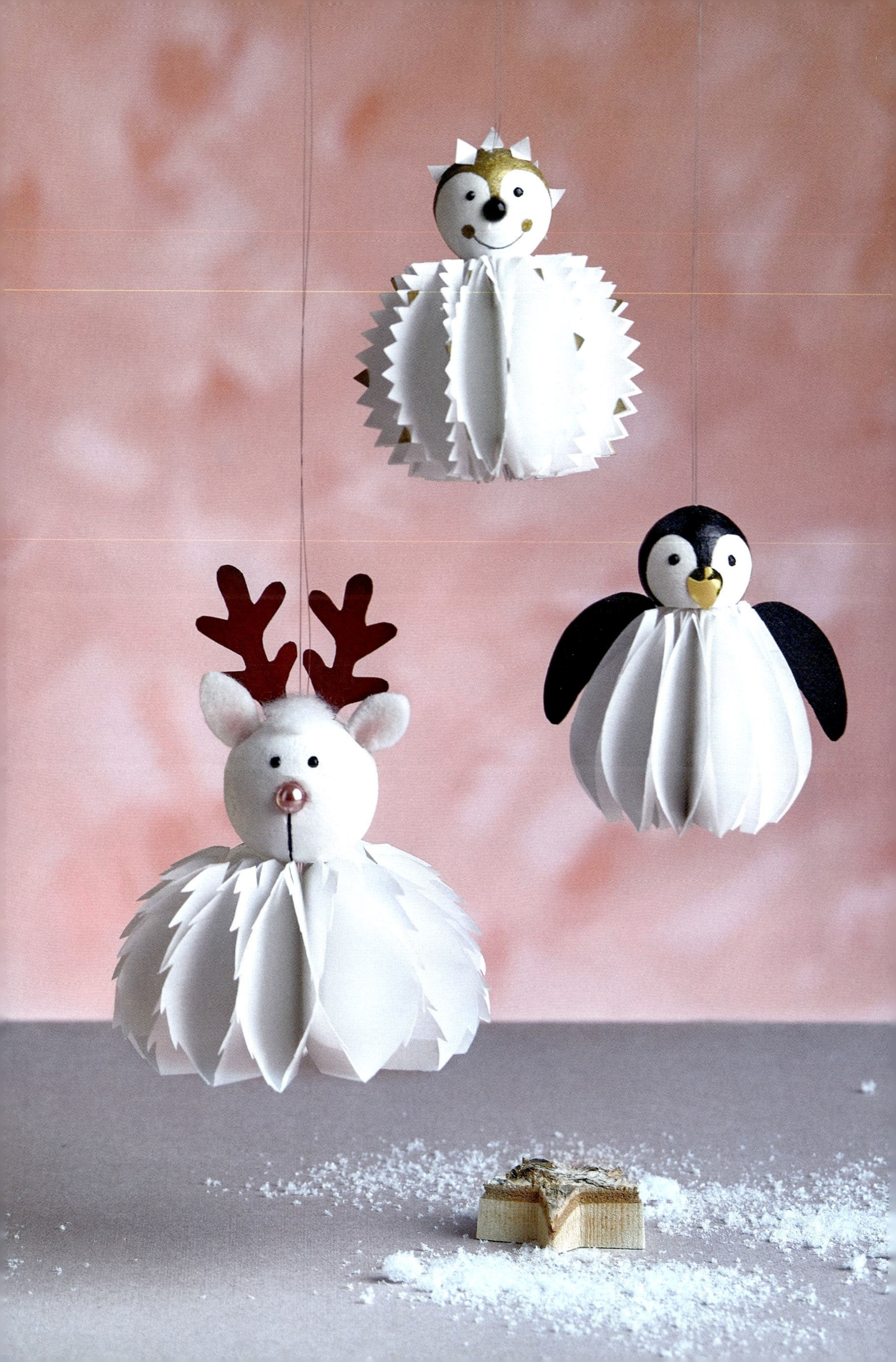

PINGUIN & CO.

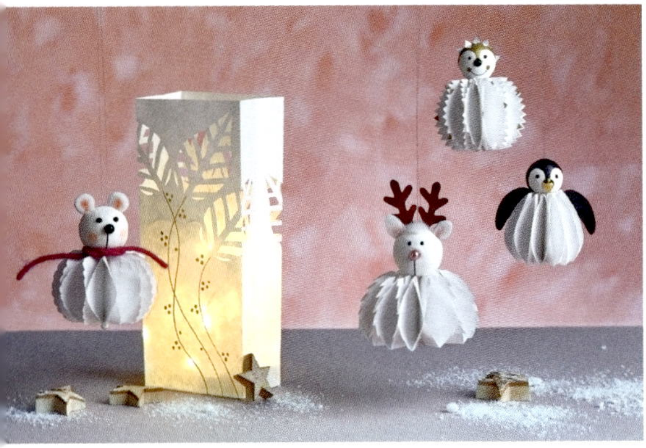

IGEL

- 12 Minitüten in Weiß, ca. 5,3 x 11,5 cm
- Wattekugel, 3 cm Ø
- Glanzlack-Marker in Gold
- Glaswachsperle in Schwarz, 6 mm Ø
- Wachsperle in Weiß, 5 mm Ø

Vorlage siehe Vorlagenbogen

Zwölf Tüten nach Vorlage ausschneiden und zur Kugel kleben. Die Wattekugel und vereinzelt Zacken des Körpers mit dem Glanzlackmarker einfärben. Das Gesicht nach Vorlage gestalten (s. Grundkurs). Kleine Zacken aus Tütenresten mittig knicken und als Stacheln auf dem Kopf festkleben. Alle Teile nach der Skizze verbinden.

Hinweis

Die Vorlagen von Igel und Rentier sowie die Vorlagen von Pinguin und Eisbär befinden sich jeweils auf einer Tüte. Dazu jeweils die Lasche der Tüte umbiegen und festkleben.

RENTIER

- 12 Minitüten in Weiß, ca. 5,3 x 11,5 cm
- Wattekugel, 4 cm Ø
- Textilfilz in Weiß, 4 mm
- Briefbogen in Bordeaux, 90 g
- Wachs-Glasperle in Rosa, 8 mm Ø
- Wachsperle in Weiß, 5 mm Ø

Vorlage siehe Vorlagenbogen

Zwölf Tüten nach Vorlage ausschneiden und zur Kugel kleben. Das Gesicht auf der Wattekugel gestalten (s. Grundkurs). Die mit Farbstift eingefärbten Ohren aus Filz und das Geweih aus Papier in kleine Schnitte in der Wattekugel einkleben. Zwischen dem Geweih einen kleinen Filzfleck fixieren. Alles nach Skizze aufhängen.

PINGUIN

- 12 Minitüten in Weiß, ca. 5,3 x 11,5 cm
- Wattekugel, 3 cm Ø
- Fotokarton in Schwarz
- Fröbelstreifen in Metallic Gold

Vorlage siehe Vorlagenbogen

Zwölf Tüten nach Vorlage ausschneiden und zum plastischen Körper zusammenkleben. Die Wattekugel unten ein Stück weit glatt mit einem Cutter abschneiden. Augen mit dem Pearl-Pen plastisch aufsetzen, den Kopf mit verdünnter schwarzer Farbe bemalen. Den goldenen Schnabel fixieren. Die Flügel aus Fotokarton auf beiden Seiten des Körpers festkleben. Den Pinguin laut Skizze zusammenfügen.

EISBÄR

- 12 Minitüten in Weiß, 5,3 x 11,5 cm
- Wattekugel, 4 cm Ø
- Glaswachsperlen in Schwarz, 1 x 8 mm Ø, 2 x 4 mm Ø
- Wachsperle in Weiß, 5 mm Ø
- Textilfilz in Weiß, 4 mm
- Filz-Geschenkband in Fuchsia

Vorlage siehe Vorlagenbogen

Zwölf Tüten nach Vorlage ausschneiden und zur Kugel kleben. Das Gesicht auf der Wattekugel gestalten. Perlenaugen und -nasen in gebohrte Vertiefungen einkleben. Die mit Farbstift eingefärbten Ohren aus Filz in kleine Schnitte in der Wattekugel einkleben. Den Eisbären laut Skizze mit Perlonfaden aufhängen.

TÜTE MIT BLATTMOTIV

- Blockbodenbeutel in Weiß, 10 x 24 cm
- Lackmalstift in Gold

Die Seiten der Tüte so nach außen drücken und umbiegen, dass Vorder- und Rückseite und die halben Seitenteile aufeinander liegen. Das Blattmotiv dreimal versetzt skizzieren und die Ausschnitte nach Vorlage aus beiden Lagen auf einer schnittfesten Unterlage mit dem Skalpell ausschneiden. Geschwungene Linien als Stiele sowie Punkte mit dem Lackmalstift nach Wunsch aufmalen.

Tüte mit Blattmotiv

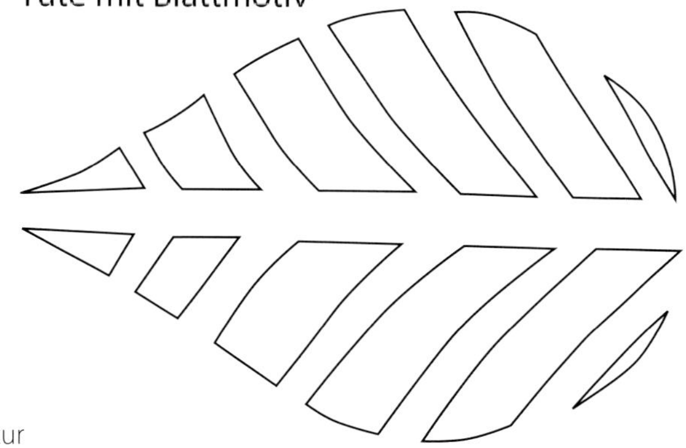

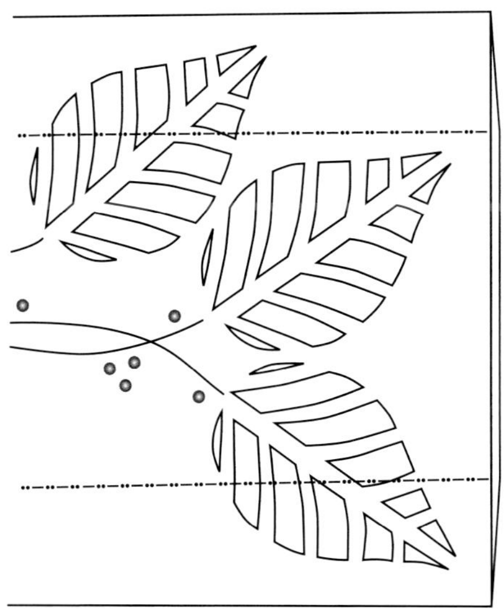

IN WEIHNACHTLICHEM ROT

GROSSE KUGEL

- 12 Minitüten in Bordeaux, ca. 5,6 x 11,2 cm
- 2 Polarisperlen Sweet in Rot, 20 mm Ø

Vorlage siehe Vorlagenbogen

Für diese zweiteilige Kugel aus zwölf Minitüten mit umgeklebter Lasche je zwölf Elemente für das Ober- und Unterteil nach Vorlage ausschneiden und aufeinander fixieren. Mit Hilfe von zwei Perlen und Faden die beiden Formen so zusammenfügen, dass die Faltzacken ineinandergreifen und die Perlen in der Papierfassung liegen, dafür die Papierfassung etwas zur Seite schieben (s. Skizze).

KLEINE KUGEL

- 6 Minitüten in Bordeaux, ca. 5,6 x 11,2 cm
- 2 Polarisperlen Sweet in Rot, 20 mm Ø

Vorlage siehe Vorlagenbogen

Die Laschen der sechs Minitüten schließen und nach Vorlage zwölf Elemente ausschneiden und aufeinander fixieren. Beim Auffalten und Zusammenkleben der Außenseiten auf jeder Seite eine Perle einlegen.

TEDDYBÄR

- 5 Minitüten in Bordeaux, ca. 5,6 x 11,2 cm
- Minitüte in Weiß, 5,6 x 11,2 cm
- Wattekugel, 4 cm Ø

Vorlage siehe Vorlagenbogen

Die Laschen der sechs Tüten umbiegen und festkleben. Nach Vorlage zehn rote und zwei weiße Elemente für den Körper ausschneiden und aufeinander fixieren. Die Wattekugel rotbraun bemalen und das Gesicht mit Pearl-Pen, Farbstift und Feinliner vervollständigen. Eine Nase und ein eingeschnittenes Haarbüschel aus Papier aufkleben. Papierohren mit dem Ansatz in eingeschnittene Schlitze kleben. Alles mit Perlonfaden und einer Wachsperle laut Skizze zusammenfügen.

GROSSER STERN

- 6 Blockbodenbeutel in Dunkelrot, 80 g, 10 x 24 cm

Vorlage siehe Vorlagenbogen

Den Boden der sechs Blockbodenbeutel jeweils zur Hälfte auf die Vorder- und Rückseite knicken und den Umschlag jeweils mittig senkrecht auf der Tüte festkleben. Die Vorlage übertragen, die Ein- und Ausschnitte anbringen und die sechs Tüten zum Stern zusammenkleben.

Impressum

Fotos & Styling: Roland Krieg
Produktmanagement: Maria Möllenkamp
Lektorat: Irmgard Böhler
Umschlaggestaltung: Leeloo Molnár
Satz: graphitecture book & edition
Repro: LUDWIG:media, Zell am See
Herstellung: Bettina Schippel, Stephanie Schlemmer
Printed in Slovenia by Florjancic

★★★★★

Sind Sie mit diesem Titel zufrieden?
Dann würden wir uns über Ihre Weiterempfehlung freuen. Erzählen Sie es im Freundeskreis, berichten Sie Ihrem Buchhändler oder bewerten Sie bei Onlinekauf.
Und wenn Sie Kritik, Korrekturen, Aktualisierungen haben, freuen wir uns über Ihre Nachricht an:
Christian Verlag, Postfach 40 02 09,
D-80702 München
oder per E-Mail an: lektorat@verlagshaus.de.

Unser komplettes Programm finden Sie unter
www.christophorus-verlag.de

Autorin und Verlag haben alle Angaben und Anleitungen mit größtmöglicher Sorgfalt zusammengestellt. Dennoch kann bei Fehlern keinerlei Haftung für direkte oder indirekte Folgen übernommen werden. Papiere, Materialien und Modelle können von den jeweiligen Originalen abweichen. Die bildliche Darstellung ist unverbindlich.
Sollte dieses Werk Links auf Webseiten Dritter enthalten, so machen wir uns die Inhalte nicht zu eigen und übernehmen für die Inhalte keine Haftung.

Die Deutsche Nationalbibliothek verzeichnet diese Publikation in der Deutschen Nationalbibliografie; detaillierte bibliografische Daten sind im Internet über http://dnb.d-nb.de abrufbar.

Herstellerverzeichnis

- Rayher Hobby GmbH, www.rayher.com
- Pracht Creatives Hobby GmbH, www.prachthobby.de

Bastelfix: www.bastelfix.de / info@bastelfix.de

2. Auflage 2020

Infanteriestraße 11a
D- 80797 München

ISBN 978-3-8388-3729-1

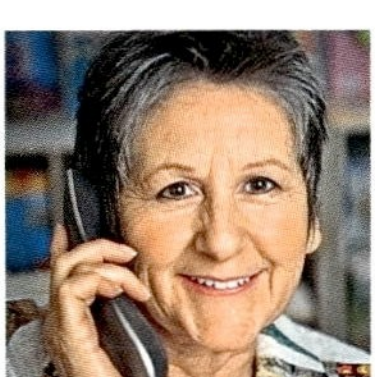

Kreativ-Service

Sie haben Fragen zu den Büchern und Materialien? Frau Erika Noll ist für Sie da und berät Sie rund um alle Kreativthemen. Rufen Sie an! Wir interessieren uns auch für Ihre eigenen Ideen und Anregungen. Sie erreichen Frau Noll per E-Mail: **mail@kreativ-service.info** oder Tel.: **+49 (0) 5052 / 91 18 58**

Besuchen Sie uns im Internet: **www.christophorus-verlag.de**

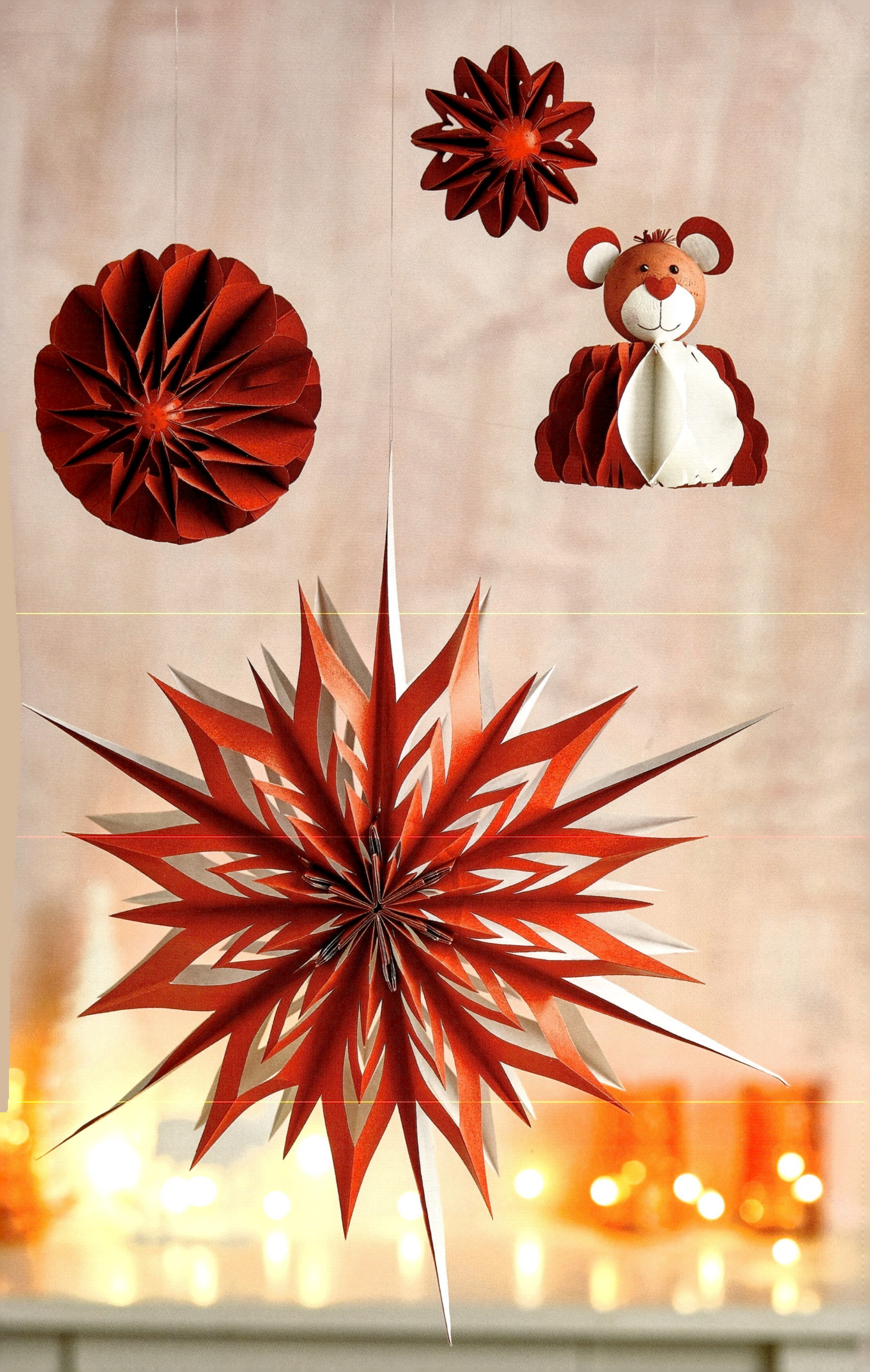